Inhalt

W0063556

Lutz Gebhardt
Jens-Ulrich Groß

Die schönsten
Radtouren
rund um
DRESDEN

© Copyright 1995 by BVA – Bielefelder Verlagsanstalt GmbH & Co. KG, Bielefeld
Alle Rechte vorbehalten, Nachdruck, auch auszugsweise, sowie fotomechanische Wiedergabe nur mit Genehmigung des Verlages.
Titelgestaltung: Rainer Schotte
Titelfotos/Fotos: Gebhardt/Groß, Dresden; Transglobe, Hamburg; Bäumer, Bielefeld
Kartographie: Pietruska & Partner
Herstellung: Klingenberg Buchkunst Leipzig
ISBN: 3-87073-150-8

(S):   Ort mit S-Bahn-Anschluß
(DB):   Ort mit Anschluß Deutsche Bahn

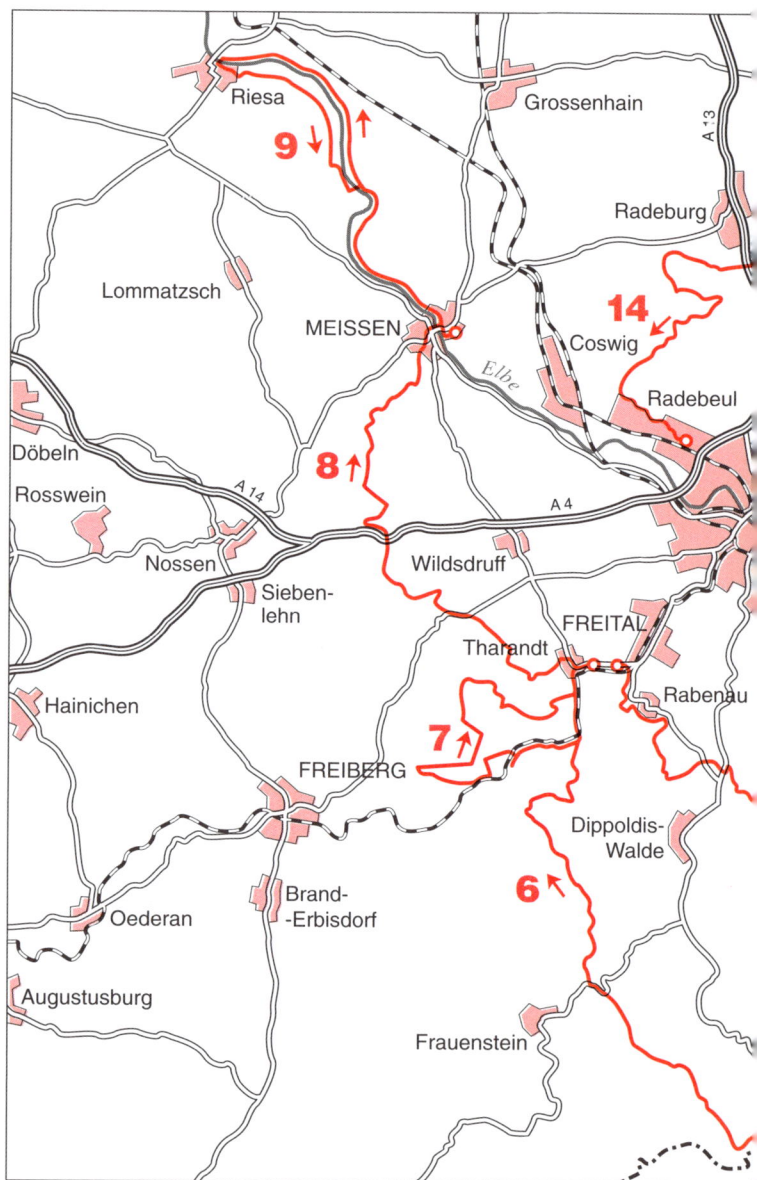

Riesa
9
Grossenhain
A 13
Radeburg
Lommatzsch
MEISSEN
Elbe
Coswig
Radebeul
Döbeln
8
Rosswein
A 14
A 4
Nossen
Wildsdruff
Sieben-
lehn
FREITAL
Tharandt
Rabenau
Hainichen
7
FREIBERG
Dippoldis-
Walde
Brand-
-Erbisdorf
6
Oederan
Augustusburg
Frauenstein

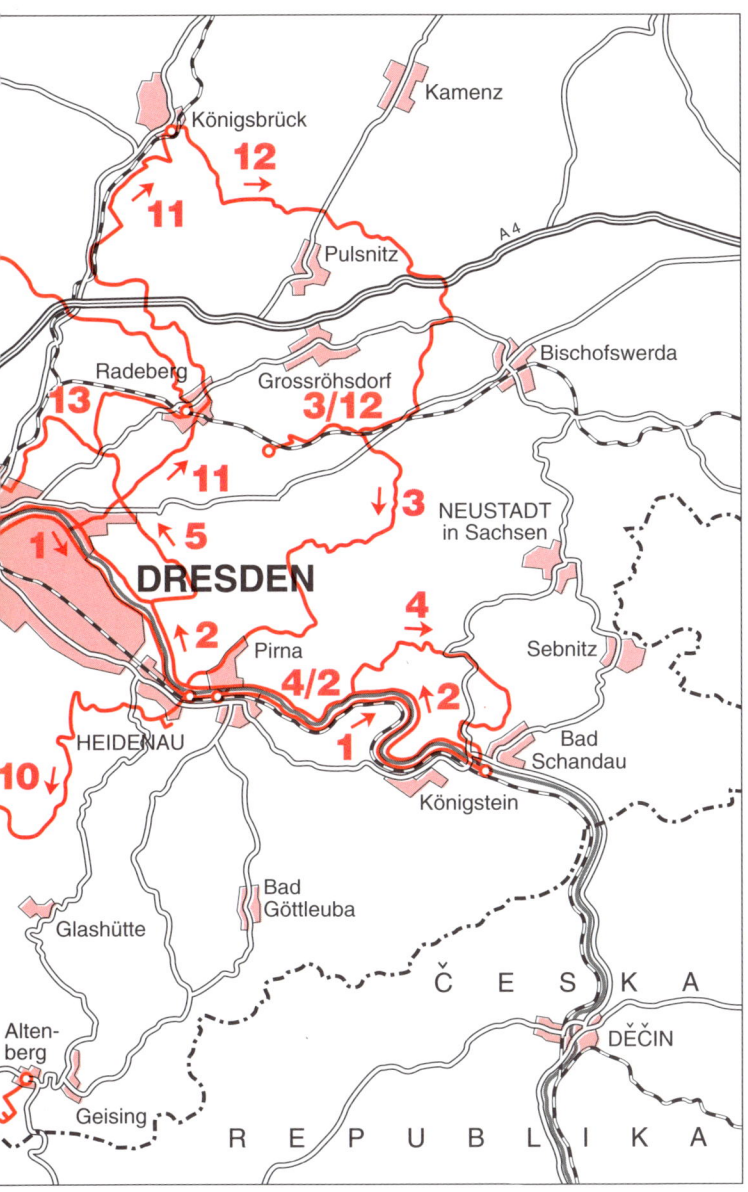

Kamenz

Königsbrück

12

11

Pulsnitz

A 4

Radeberg

Grossröhsdorf

Bischofswerda

13

3/12

11

3

NEUSTADT
in Sachsen

5

DRESDEN

1

4

Sebnitz

2

Pirna

4/2

2

HEIDENAU

1

Bad
Schandau

10

Königstein

Bad
Göttleuba

Glashütte

Č   E   S   K   A

Alten-
berg

DĚČIN

Geising

R   E   P   U   B   L   I   K   A

Landschaft und Kultur rund um Dresden

Rund um die geschichtsträchtige sächsische Landeshauptstadt findet der Pedalritter Landschaften unterschiedlichster Prägung, die den Ausflug mit dem Fahrrad nicht nur zu einem umweltfreundlichen und gesundheitsfördernden, sondern auch zum erlebnisreichen Ausflug machen. Touren durch bekannte landschaftliche „Highlights" wie das Elbsandsteingebirge, die Moritzburger Teichlandschaft, den Tharandter Wald, die Dresdner Heide oder das Osterzgebirge werden ebenso bereichernd sein wie zum Beispiel eine Fahrt durch die weniger bekannten Täler von Röder, Wesenitz oder Wilder Weißeritz, die Dippoldiswalder Heide oder den Rabenauer Grund. Neben der landschaftlichen Vielfalt wird dem Radler eine mannigfaltige kulturelle Abwechslung geboten. Die sächsischen Kurfürsten, allen voran August der Starke, prägten im Laufe eines halben Jahrtausends nicht nur die Landeshauptstadt selbst, auch in ihrer Umgebung findet man auf Schritt und Tritt Spuren einer wechselvollen Kulturgeschichte. Bedeutsame Sehenswürdigkeiten wie der Barockgarten Großseedlitz, Schloß Pillnitz, das tausendjährige Meißen oder das Jagdschloß Moritzburg stehen ebenso auf dem Tourenprogramm wie weniger bekannte, aber nicht minder sehenswerte Stätten wie beispielsweise der Landschaftspark Seifersdorf oder das Schloß Reinhardtsgrimma.

Charakteristik der beschriebenen Touren, Varianten und Verknüpfungen

Für den vorliegenden Radwanderführer haben wir 14 Radrouten ausgewählt, auf denen Sie reizvolle Landschaften durchradeln und viele sehenswerte Stätten der sächsischen Kultur und Geschichte besuchen können. Dabei stehen das Erleben der Natur, die aktive Erholung und der Erlebnisgehalt im Vordergrund. Stark frequentierte Landstraßen werden weitestgehend gemieden. Nebenstraßen, Wald-, Feld- und geeignete Wanderwege ersetzen das bisher nur spärlich vorhandene Radwegenetz. Zwar nicht immer glatt asphaltiert und manchmal sogar etwas uneben, bieten aber gerade diese Wege dem Radwanderer die Möglichkeit, sich die Natur- und Kulturlandschaft abseits der großen Straßen gefahrlos zu erschließen.

Für die hier beschriebenen Radtouren ist beinahe jedes verkehrstüchtige Fahrrad geeignet. Einzige Ausnahme wegen der teilweise unbefestigten Abschnitte sind Fahrräder mit schmalen Hochdruckreifen. Für die Routen mit größeren Steigungen sind zwar Mountainbike oder Trekkingrad besonders zweckmäßig, keinesfalls aber Bedingung. Die Höhenprofile der einzelnen Routen liegen zwischen „keine nennenswerten Steigungen" und „Höhenunterschied: 260 m". Damit sind an die Kondition keine zu hohen Anforderungen gestellt und eine Gangschaltung nicht unbedingt erforderlich. Man kann ja auch mal schieben. Die Länge der Touren liegt zwischen 25 und 60 Kilometern und ist so auf unterschiedliche Konditionen zugeschnitten. S-Bahnhöfe unterwegs gestatten oft kürzere Routenabschnitte. Die hier beschriebenen Routen sind aber auch so miteinander verknüpfbar, daß sportlich orientierte Radfahrer sich eine längere Route zusammenstellen können. Bei den im Vorspann der einzelnen Touren genannten Verknüpfungsmöglichkeiten wurden die Vorwärtsverknüpfungen angegeben, also die Touren, die man im Anschluß der gerade beschriebenen fahren kann.

An- und Abreise

Die Touren wurden so konzipiert, daß sie an S-Bahn-Stationen beginnen oder enden (Start Tour 6: Bahnhof der DB). Eine Übersicht über das S-Bahn-Tarifgebiet Dresden finden Sie auf Seite 162. Viele Touren berühren auch unterwegs das Streckennetz der S-Bahn, so daß entsprechende Möglichkeiten zum Abkürzen oder Variieren genügend Spielraum für die individuelle Tourengestaltung bieten. Angaben zu Unterwegsbahnhöfen findet man in der jeweiligen Kurzbeschreibung des Routenverlaufes am Anfang der Tourenbeschreibung: (S), (DB).

Die Mitnahme des Fahrrades in den Zügen der S-Bahn und in den Nahverkehrszügen der DB ist meist unkompliziert möglich, wenn andere Reisende nicht behindert werden. Einige der Elbschiffe der Weißen Flotte, die mit großen Wasserrädern die Elbe durchpflügen, stammen noch aus dem vergangenen Jahrhundert. Zwischen dem tschechischen Decin (Tetschen) und Riesa gibt es viele Anlegestellen. Eine Fahrradmitnahme ist möglich. Auskünfte sind über die Weiße Flotte Dresden (Tel. 03 51 / 4 95 64 36 oder 43 72 41) erhältlich.

Elbradweg

Ein fester Bestandteil der Radlerkultur Dresdens und seiner Umgebung ist der Elbradweg, der zwischen Dresden und Bad Schandau bereits in der ersten Hälfte unseres Jahrhunderts angelegt wurde. Von der Interessengemeinschaft Radverkehr Dresden Ende der 80er Jahre initiiert, wurde das Projekt Elbradweg bereits zu DDR-Zeiten mühsam wieder aufgegriffen. Nach fast 40 Jahren Vernachlässigung wird der Elbradweg heute nach und nach zeitgemäß ausgebaut. Jahr für Jahr verbessert sich sein Zustand und es ist sogar absehbar, daß man am Ufer der Elbe auf schönen Wegen bis nach Hamburg radeln kann. Sicher ist der Elbradweg eine der wichtigsten Fahrradrouten in Sachsen und den neuen Bundesländern überhaupt. Deshalb haben wir auch drei Touren am Elbufer ausgewählt, zumal sie den Vorteil eines meist flachen Verlaufes haben.

Besichtigungen

Zu sehen gibt es auf den Touren eine ganze Menge. Nicht nur schöne Landschaften, sondern auch Kunst- und Kulturschätze von Weltrang, die gewöhnlich hinter gut verschlossenen Türen aufbewahrt werden. Wann sich diese Türen für den interessierten Besucher öffnen, entnimmt man am besten dem Veranstaltungskalender der Stadt Dresden, den man bei der Touristinformation und vielen Fremdenverkehrsämtern (siehe Anhang) erhalten kann. Hier hat man nicht nur alle aktuellen Öffnungszeiten zur Hand, gleichzeitig wird man über wechselnde Ausstellungen und andere kulturelle Aktivitäten informiert.

Essen und Trinken

Zur Stärkung gibt es in der beschriebenen Region genügend Gelegenheit, schließlich fährt man durch ein dicht besiedeltes Gebiet von Mitteleuropa und nicht durch Sibirien. Auf die Hinweise spezieller Gaststätten haben wir bewußt verzichtet, weil auch auf diesem Gebiet in den neuen Ländern viel im Fluß ist. Erfahrungsgemäß ist es ärgerlicher, wenn im Text genannte Einrichtungen bei der eigenen Tour nicht mehr existieren. Am

12

besten informiert man sich am Start oder unterwegs an der Strecke, wo man dann immer mit aktuellen Hinweisen rechnen kann.

Orientierung und Karten

Die zu jeder Tourenbeschreibung abgebildete Kartenskizze ist eine grobe Orientierungshilfe. Sie kann nicht immer das entsprechende Kartenmaterial ersetzen. Deshalb wird am Anfang jeder Tourenbeschreibung auf geeignete Karten verwiesen. Vor allem bei naturnahen Routen, wie beispielsweise durch die Dresdner Heide oder den Tharandter Wald, sind genaue Karten zum Auffinden der Waldwege von Vorteil.

Wir empfehlen die Wanderkarten des Landesvermessungsamtes Sachsen im Maßstab 1 : 25 000: Blatt 31 „Tharandter Wald" (Touren 6, 7, 8, 10), Blatt 32 „Osterzgebirge / Frauenstein" (Tour 6), Blatt 34 „Lößnitz / Friedewald, Moritzburg" (Tour 14), Blatt 35 „Laußnitzer Heide / Keulenberg" (Touren 11, 12), Blatt 36 „Dresdner Heide" (Touren 5, 11, 13, 14), Blatt 37 „Kreischa" (Tour 10), Blatt 38 „Osterzgebirge / Altenberg" (Tour 6), Blatt 41 „Pulsnitz / Elstra" (Tour 3), Blatt 42 „Stolpen / Neustadt in Sachsen" (Touren 3, 12) Blatt 43 „Sächsische Schweiz / Pirna" (Touren 1, 2, 3, 4, 10) und Blatt 45 „Sächsische Schweiz / Bad Schandau" (Touren 1, 2, 4).

Alle in diesem Buch vorgeschlagenen Routen befinden sich im Gebiet der ADFC-Radtourenkarte Blatt 14 „Lausitz/Östliches Erzgebirge".

Übernachten

Die sächsische Landeshauptstadt und das Elbsandsteingebirge gehörten schon zu DDR-Zeiten zu den meistbesuchten Urlaubsregionen des Landes mit einer entsprechend entwickelten Infrastruktur, so daß auch heute ein vielfältiges Übernachtungsangebot anzutreffen ist. Angefangen von Jugendherbergen und Zeltplätzen über Privatvermieter und gemütliche Pensionen bis hin zum Nobelhotel ist für jeden Geschmack etwas zu finden. Am besten wendet man sich an eins der Fremdenverkehrsämter, die gerne Informationsmaterial zusenden oder gleich Quartiere vermitteln. Bei jeder Tour sind die entsprechenden Ansprechpartner genannt, deren Adressen und Telefonnummern im Anhang zusammengefaßt sind.

Eine Bitte in eigener Sache

Trotz exakter Recherche können wir für die Richtigkeit aller Angaben in unserer schnellebigen Zeit keine Gewähr übernehmen. Gerade hier in den neuen Bundesländern ist vieles noch weitreichenden Veränderungen unterworfen. Durch Baumaßnahmen können Wegeführungen verändert werden, neue Sperrschilder können Wegepassagen zum „illegalen" Routenabschnitt machen. Der Nutzer dieses Buches muß sich deshalb von der Befahrbarkeit der Straßen und Wege in jeder Hinsicht nochmals selbst überzeugen. Verlag und Autoren können keine Haftung übernehmen. Für entsprechende Hinweise zu sich ergebenden Veränderungen sind wir stets dankbar.

Wir wünschen viel Spaß bei der Erkundung der Dresdner Umgebung und immer mindestens einen Daumen breit Luft unter der Felge.

Jens-Ulrich Groß, Chemnitz
Dr. Lutz Gebhardt, Ilmenau

Tour 1

Auf Elbuferwegen zwischen Dresden und der Sächsischen Schweiz

Teil 1: Am linken Ufer in die Sächsische Schweiz
Dresden-Neustadt (S) – Elbbrücke „Blaues Wunder" – Heidenau (S) – Pirna (S) – Obervogelgesang (S) – Königstein (S) – Bad Schandau (S)

Die Strecke ist auf ihrer Hauptroute überwiegend flach und bietet so auch dem weniger geübten Radfahrer eine gute Möglichkeit, ohne Anstrengung eine herrliche Landschaft zu genießen. Mit Dresdens Kultur, den Weiten des Elbkessels, der bizarren Felslandschaft der Sächsischen Schweiz und der Festung auf dem Königstein ist auf kleinem Raum für jeden Geschmack etwas vorhanden.

Die ersten beiden Touren entlang des Elbufers könnte man auch als eine Tour betrachten. Den Variationsmöglichkeiten sind hier keine Grenzen gesetzt. Zum einen verläuft entlang der gesamten Strecke die S-Bahn, der man sich und sein Rad bei Bedarf anvertrauen kann. Zum anderen kann man an jeder Elbbrücke oder Elbfähre auf das andere Ufer wechseln und dort der Tour 2 folgend die Rückfahrt antreten. Deshalb wurden die Touren jeweils konsequent entlang *eines* Ufers beschrieben, auch wenn der Ausbau der Elbuferwege zwischen Dresden und Bad Schandau an beiden Ufern sehr unterschiedlich ist. Einige Wegeabschnitte sind noch sehr naturnah und somit z. B. für Fahrräder mit schmalen Hochdruckreifen nicht zu empfehlen. Wer Abschnitten mit einer unebenen Oberflächenqualität bzw. einer spürbaren Verkehrsbelastung aus dem Weg gehen möchte, der sollte abschnittsweise folgende Uferseiten* bevorzugen:

Dresden–Klein Zschachwitz (Pillnitz)	linkes Ufer
Pillnitz–Pirna	rechtes Ufer
Rathen–Königstein	linkes Ufer
Königstein–Bad Schandau	rechtes Ufer

* Uferseitenbezeichnungen beziehen sich üblicherweise immer auf die Fließrichtung

Start: Bahnhof Dresden-Neustadt (S-Bahn)

Ziel: Bahnhof Bad Schandau (S-Bahn)

Streckenlänge: 45 km

Steigungen: Abstecher zum Königstein ca. 230 m, ansonsten keine nennenswerten Anstiege

Wegebeschaffenheit: Zum Teil (neu) ausgebaute Radwege mit Verbundpflaster und Asphalt, Nebenstraßen. Im Bereich Meußlitz–Heidenau naturbelassene Wegeabschnitte und unebene Betonstrecken. Königstein–Bad Schandau ist verkehrsreich (B 173)

Verknüpfungen: Tour 2 Bad Schandau–Dresden
Tour 4 Pirna–Bad Schandau
Tour 5 Pirna–Dresden
Tour 10 Heidenau–Freital

Sehenswertes: Historisches Stadtzentrum Dresden mit seinen barocken Bauwerken (Zwinger, Semperoper, Langer Gang mit Fürstenzug, Hofkirche, Albertinum . . .), Elbbrücke Blaues Wunder, historisches Stadtzentrum von Pirna mit Festung Sonnenstein und Marienkirche, Festung Königstein, Heimatmuseum Bad Schandau

Karten: Topographische Karten des Landesvermessungsamtes Sachsen: Dresden und Umgebung mit Rad- und Wanderwegen 1 : 50 000; ADFC-Radtourenkarte Lausitz/Östliches Erzgebirge, Blatt 14, 1 : 150 000, Bielefelder Verlagsanstalt

Informationen:
*Dresden-Werbung und Tourismus GmbH (Stadtinformation)
*Touristinformation Königstein
*Fremdenverkehrsbüro der Stadt Pirna
*Bad Schandau Information

Den Bahnhof **Dresden-Neustadt** verlassen wir nach rechts, passieren die Unterführung und fahren entlang

---

* Adressen und Telefonnummern im Anhang

Radfahrerfreundliche Beschilderung sächsischer Forstwege

Rathen und die Felsen der Bastei

Die Elbe bei Pirna

der gegenüber beginnenden *Eisenbahnstraße* Richtung Elbe. Dann biegen wir nach links auf den Uferweg ein. Nach dem Unterqueren der Eisenbahn- und der Marienbrücke verlassen wir einige Meter vor der Augustusbrücke den Uferweg, um über Rampen an den Brückenkopf und auf das andere Ufer zu gelangen.

Die **Augustusbrücke** ist die älteste der vier Brücken, die die Dresdner Neustadt mit der Altstadt verbinden. Schon im Mittelalter war die damalige Steinbrücke, die auf 25 Pfeilern 300 m überbrückte, weltberühmt. Als sie in den Jahren 1727-30 nach Matthäus Daniel Pöppelmanns Entwürfen umgebaut wurde, nannten die Dresdner die schönste Brücke Europas ihr eigen. Die Augustusbrücke unserer Tage wurde in den ersten Jahren unseres Jahrhunderts errichtet, als das Pöppelmannsche Bauwerk den verkehrstechnischen Anforderungen nicht mehr gerecht wurde. Die neue Brücke, die vor allem der Schiffahrt mehr Platz einräumte, steht in guter künstlerischer Tradition der vorherigen Bauwerke, so daß die Dresdner heute, wie schon seit Jahrhunderten von ihrer Brücke schwärmen.

Wendet man sich vom Fluß nun der **Altstadt** zu, so findet man auf engem Raum fast alles, was der Stadt ihren künstlerischen Weltruhm eintrug. Das Schloß, die wieder erstandene Semperoper, das Albertinum mit seinen einmaligen Kunstsammlungen, die Kathedrale St. Trinitatis und natürlich den Zwinger – Pöppelmanns Meisterwerk – eine Krönung des höfischen Barocks. Nicht nur die unvergleichliche Schönheit macht den Ruhm des Zwingers aus. Seine Innenräume bergen einen wesentlichen Teil der Dresdner Kunstsammlungen. In der Gemäldesammlung sind neben solchen weltberühmten Gemälden wie Raffaels „Sixtinische Madonna" und Tizians „Zinsgroschen" vor allem die Dresdner Stadtansichten von Bernardo Belotto, genannt Canaletto, zu sehen. Kaum ein Künstler steht mit seinem Werk so im Banne einer Stadt, wie das bei Canaletto der Fall ist. Damit trug der Dresden liebende Italiener viel dazu bei, daß Dresdens Schönheit in aller Welt bekannt wurde.

Vom Schloßplatz führt uns die Augustusstraße zur Ruine der **Frauenkirche**. Rechter Hand sehen wir den Langen Gang mit dem **Fürstenzug**. Ein 102 m langes Wandbild aus 24 000 Meiße-

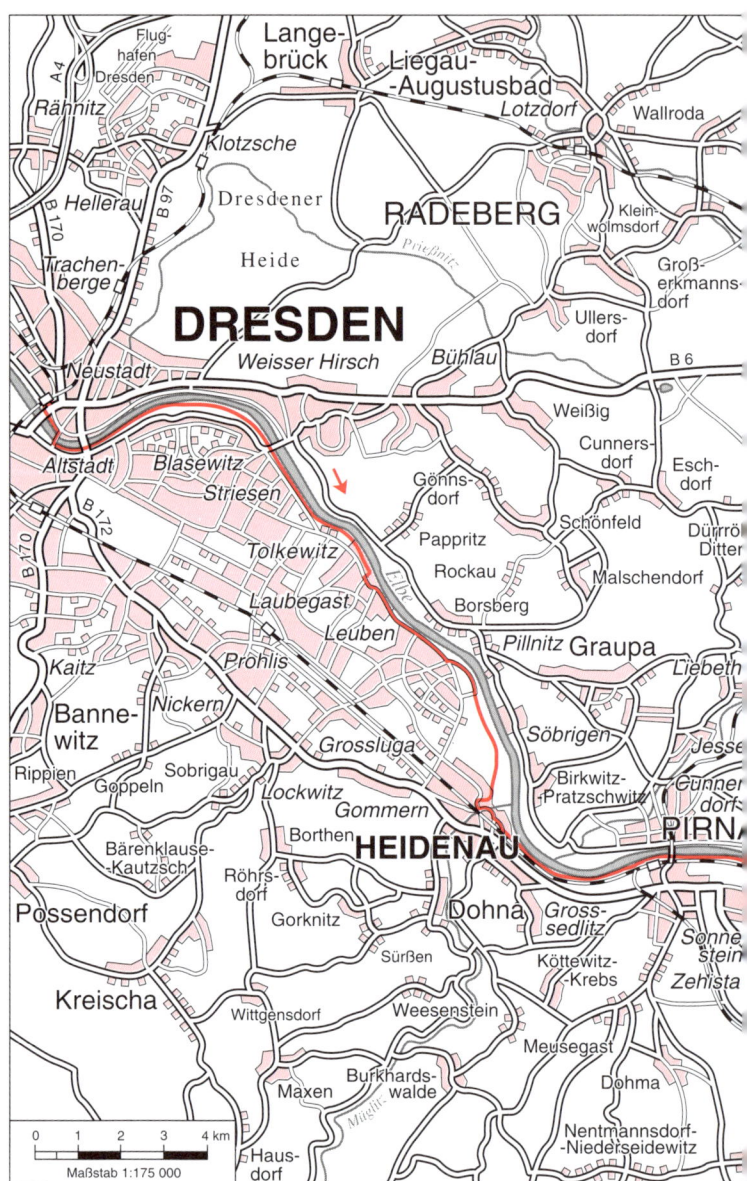

Flug-
hafen
Dresden

A 4

Lange-
brück

Liegau-
-Augustusbad

Lotzdorf

Wallroda

Rähnitz

B 97

B 170

Klotzsche

Hellerau

Dresdener

RADEBERG

Klein-
wolmsdorf

Heide

Prießnitz

Groß-
erkmanns-
dorf

Trachen-
berge

DRESDEN

Ullers-
dorf

Weisser Hirsch

Bühlau

B 6

Neustadt

Weißig

Altstadt

Blasewitz

Cunners-
dorf

Esch-
dorf

Striesen

Gönns-
dorf

B 172

B 170

Schönfeld

Dürrrö
Ditter

Tolkewitz

Pappritz

Rockau

Malschendorf

Elbe

Laubegast

Borsberg

Leuben

Pillnitz

Graupa

Liebeth

Kaitz

Prohlis

Banne-
witz

Nickern

Söbrigen

Jesse

Rippien

Goppeln

Sobrigau

Grossluga

Birkwitz-
-Pratzschwitz

Gunner
dorf

PIRN

Lockwitz

Gommern

Bärenklause-
-Kautzsch

Borthen

HEIDENAU

Röhrs-
dorf

Dohna

Gross-
sedlitz

Sonne
stein

Possendorf

Gorknitz

Sürßen

Köttewitz-
-Krebs

Zehista

Kreischa

Wittgensdorf

Weesenstein

Meusegast

Burkhards-
walde

Maxen

Dohma

Müglitz

Nentmannsdorf-
-Niederseidewitz

0   1   2   3   4 km

Maßstab 1:175 000

Haus-
dorf

20

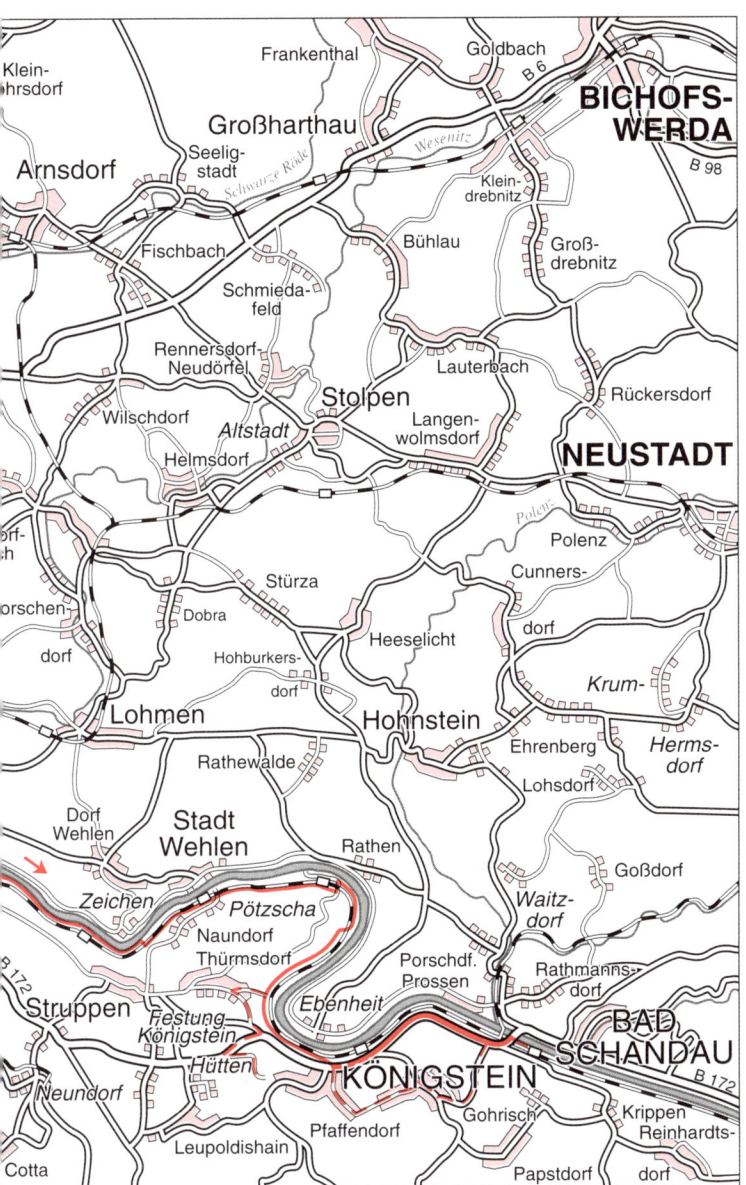

Klein-
hrsdorf

Frankenthal

Goldbach

B 6

BICHOFS-
WERDA

B 98

Großharthau

Arnsdorf

Seelig-
stadt

Schwarze Röde

Wesenitz

Klein-
drebnitz

Fischbach

Bühlau

Groß-
drebnitz

Schmieda-
feld

Rennersdorf-
Neudörfel

Lauterbach

Stolpen

Langen-
wolmsdorf

Rückersdorf

Wilschdorf

Altstadt

NEUSTADT

Helmsdorf

Polenz

Polenz

orf-
h

Stürza

Cunners-

orschen-

Dobra

Heeselicht

dorf

dorf

Hohburkers-
dorf

Krum-

Lohmen

Hohnstein

Ehrenberg

*Herms-
dorf*

Rathewalde

Lohsdorf

Dorf
Wehlen

Stadt
Wehlen

Rathen

Goßdorf

Zeichen

Pötzscha

*Waitz-
dorf*

Naundorf
Thürmsdorf

Porschdf.
Prossen

Rathmanns-
dorf

Ebenheit

Struppen

*Festung
Königstein*

BAD
SCHANDAU

B 172

Neundorf

Hütten

KÖNIGSTEIN

B 172

Gohrisch

Krippen
Reinhardts-

Cotta

Pfaffendorf

Leupoldishain

Papstdorf

dorf

B 172

ner Porzellankacheln, das 35 Wettiner Könige, Kurfürsten und Markgrafen mit Würdenträgern, bedeutende Persönlichkeiten und Künstlern der Zeit darstellt.

Die Ruine der Frauenkirche erinnert seit ihrer Zerstörung an das alliierte Bombardement am 14. und 15. Februar 1945. Über 4000 Tonnen Brand- und Sprengbomben wurden auf die Dresdner Innenstadt abgeworfen. Danach lag das ganze kulturhistorisch wertvolle Zentrum von Dresden in Trümmern. Vieles, wie die zahlreichen Bürgerhäuser, war für immer verloren. Ausdruckslose Neubauten und breite Straßen entstanden an ihrer Stelle. Bauten wie der Zwinger erblickten mühsam aus ihren Trümmern das zweite Mal das Licht der Welt. Nun soll auch die Frauenkirche wiedererrichtet werden. Die Trümmer wurden sortiert und nummeriert, damit sie in das Bauwerk erneut eingefügt werden können.

Unsere Fahrt setzen wir am Schloßplatz unterhalb der **Brühlschen Terrasse** auf der Straße fort, solange der Uferbereich durch Bauarbeiten gesperrt ist. Wir unterqueren die Carolabrücke und wechseln gleich auf die andere Straßenseite, wo wir den Parkplatz passieren. Hier biegen wir auf den gepflasterten, aber gut zu befahrenden Elbuferweg ein. Hinter der Albertbrücke wird das Fahren angenehmer. Ein frisch asphaltierter Radweg erfreut die Radlerseele.

Am anderen Ufer, wo der Wald der Dresdner Heide fast bis ans Ufer reicht, thronen drei imposante Bauwerke an den Hängen der Elbe – die **Loschwitzer Schlösser**. Schloß Albrechtsberg ist das erste des baukünstlerischen Trios. Prinz Albrecht von Preußen ließ es durch seinen preußischen Landbaumeister Lohse nach dem Vorbild der Villa Medici in Rom gestalten. Fassade, Terrassen und Treppenanlagen sind auf Fernwirkung bedacht und entfalten sich erst aus der Perspektive des anderen Elbufers richtig. Heute wird es als Schülerfreizeitzentrum genutzt. Die sich anschließende Villa Stockhausen wurde für den Hofmarschall des Prinzen erbaut. Später ging sie in den Besitz des Industriellen Karl August Lingner über. Das letzte der Loschwitzer Schlösser entstand fast zehn Jahre nach den anderen beiden für den Großkaufmann J. D. Souchay im

Tudorstiel der englischen Kastelle und beherbergt heute ein Hotel.

Vor uns schwingt sich eine aus der Entfernung feingliedrig wirkende Stahlkonstruktion mit einer Spanne von 141,5 m von einem Ufer zum anderen. Für das Jahr 1893 galt die Hängebrücke als eine technische Meisterleistung. Aufgrund ihres hellblauen Farbanstrichs nannten die Dresdner sie das **„Blaue Wunder"**. Am anderen Ufer können wir hier gleich noch zwei andere technische Denkmale bewundern. Zu einem die **Dresdner Schwebebahn**, die schon über 90 Jahre lang Fahrgäste 84 m aufwärts befördert, und zum anderen die ca. 200 m nördlich gelegene **Standseilbahn**, die 1895 ihren Betrieb aufnahm und 11 Höhenmeter mehr schafft.

Am Blauen Wunder rollen wir wieder über Kopfsteinpflaster. Wir halten uns leicht rechts und fahren unmittelbar auf der Terrasse vor dem Café entlang. Im weiteren läßt sich auf einem ausgebauten Radweg gut vorwärts kommen. Im Ortsteil Laubegast endet der Uferweg abrupt. Wir fahren auf der parallel verlaufenden *Österreicher Straße*, die in das Kleinzschachwitzer Ufer übergeht, weiter. An der rechts abbiegenden *Hauptstraße* geradeaus.

Am anderen Ufer rückt die Schifferkirche **„Maria am Wasser"** ins Blickfeld. Mit ihrem Zwiebeltürmchen und dem hohen Ziegeldach scheint das niedliche Kirchlein gar nicht so richtig hierher zu passen. Schon seit Jahrhunderten befindet sich an dieser Stelle ein Gotteshaus, in dem zur Zeit der Treidelschifffahrt viele Schiffer ihr Gebet verrichteten, während ihre Schiffe draußen über einige Untiefen der Elbe bugsiert wurden.

An der Pillnitzer Fähre fahren wir auf einem schmalen Weg durch einen Birkenhain. Vom anderen Ufer leuchtet **Schloß Pillnitz** herüber. Am Ende der Elbinsel ist es mit dem Radelvergnügen vorbei. Der schöne Radweg endet. Was dann weiter führt, ist eher ein holpriger Pfad als ein Weg. (Einzige Alternative wäre, mit der Fähre ans andere Ufer nach Pillnitz überzusetzen und bis Pirna die Uferstraße zu befahren.) Nach einigen hundert Metern wird unser Weg bei wechselnder Oberfläche wieder breiter.

Vorbei an einigen Kieselgruben überqueren wir ein Bahngleis und fahren entlang der *Pillnitzer Straße* weiter, bis wir nach links in die *Hauptstraße (Dresdner Straße)* einbiegen. Wir überqueren das Flüßchen Müglitz und passieren kurz darauf den Bahn-Haltepunkt **Heidenau** Süd. Die rechts abbiegende *Hauptstraße* verlassen wir geradeaus fahrend und landen mitten in einem alten Heidenauer Industriekomplex. Die meisten Gebäude sind leer und dem Verfall preis gegeben. Am Ende der Uferstraße beginnt links neben dem Fabriktor ein holpriger Rad-/Fußweg, der auf Teilabschnitten schon in einen gut zu befahrenden Zustand versetzt wurde, was für die Zukunft hoffen läßt.

Nahtlos geht das Heidenauer Industriegebiet in das von **Pirna** über. Direkt am Ufer rauchen die Schlote des Zellulosewerkes. Wir unterqueren die Pirnaer Elbbrücke und fahren auf einem gepflasterten Weg zwischen Ufer und Bahnkörper an der Schiffsanlegestelle vorbei.

Für einen kleinen Erkundungsbummel durch Pirnas Straßen biegen wir am Ende der Schiffsanlegestelle zur Stadt ab. **Pirna** ist das Tor zur Sächsischen Schweiz. Schon in urgeschichtlicher Zeit kreuzten hier, am Fuße des Elbsandsteingebirges, mehrere bedeutsame Handelswege die Elbe. Die einmündende Wesenitz hatte mit ihren angeschwemmten Steinen eine natürliche Furt geschaffen, die schon frühzeitig durch eine Burg gesichert wurde. Sie war die Keimzelle für eine Kaufmannssiedlung, aus der die Stadt Pirna erwuchs. Aus der auf dem Berg liegenden Burg wurde später die **Festung Sonnenstein**, die sich in den Folgejahren mehrere Umbauten gefallen lassen mußte. Von den heute begehbaren Festungsanlagen hat man einen schönen Ausblick auf das Elbtal. Der Marktfleck Pirna entwickelte sich wirtschaftlich und politisch zur wichtigsten Stadt der Region. Erst als die Wettiner 1485 Dresden zu ihrer Residenz erkoren, ging die Bedeutung Pirnas im Schatten der heutigen Landeshauptstadt zurück.

Sehenswert sind viele interessante Details, die man in der Altstadt entdecken kann. Die **Postdistanzsäule** von 1722, eine Gedenktafel an Napoleons Aufenthalt, den **Engels- und Teu-**

felserker und vieles mehr. Am Markt 7 trifft man auch auf Canaletto. Dieses Haus mit dem hohen feingliedrigen Giebel hat den Ruhm des großen Künstlers geerbt. Seitdem der Maler es auf die Leinwand gebannt hat, wird es nur noch das Canalettohaus genannt. Heute ist das Gemälde im Schatz der Pillnitzer Galerie. Beeindruckend ist auch die **Stadtkirche St. Marien** mit ihren reich verzierten Gewölben und den vielfältigen Deckengemälden. Ein köstliches Kleinod der Kirche ist am Fuß des Taufsteines zu finden. 26 lustige Kindergestalten dokumentieren einen ganzen Tagesablauf, den schon Goethe voller Freude betrachtet hat.

Das **Stadtmuseum** befindet sich im Kapitelsaalgebäude des ehemaligen Dominikanerklosters (Klosterstraße 3).

Weiter geht es auf einem kombinierten Rad-/Fußweg (Asphalt bzw. Verbundpflaster), der in eine schmale Anliegerstraße übergeht. Am anderen Ufer erheben sich nun schon die ersten Felsen des Elbsandsteingebirges, die mit jedem geradelten Meter an Höhe gewinnen.

Das **Elbsandsteingebirge** erstreckt sich diesseits und jenseits der deutsch-tschechischen Staatsgrenze auf beiden Seiten der Elbe. Die Staatsgrenze teilt das Elbsandsteingebirge in die Sächsische und die Böhmische Schweiz. Den an das Alpenland angelehnten Namen verdanken wir den Schweizer Malern Anton Graff und Adrian Zingg, die um 1766 an der Dresdner Kunstakademie weilten und von der bizarren Bergwelt an ihre Heimat erinnert wurden. Vor rund 100 Millionen Jahren war dieses Gebiet von Meer bedeckt, in dem sich Sande und Tone ablagerten und verfestigten. In jahrtausendlanger Erosionsarbeit formte das Wasser aus der ursprünglich zusammenhängenden Sandsteinplatte das heute so charakteristische Gebirge. Mit den waagerechten Schichtungen und den senkrechten Klüftungen erhält der Fels seine markante Form – den Quadersandstein. Es entstanden Felsgassen, Türme, Felswände, Pfeiler und Spalten – eine eigenartige, einzigartige Landschaft, die diese Region zu einer der meistbesuchten in Mitteleuropa macht. Bereits um 1800 entdeckte man die idyllische Landschaft als Wandergebiet. Um die empfindliche Natur besser erhalten zu können, wurde die Sächsische Schweiz 1956 zum Landschaftsschutzgebiet und 1990 zum Nationalpark erklärt. Seitdem sind die sensibelsten Gebiete für den Besucherverkehr gesperrt. Grundsätzlich gilt überall, daß die Wege nicht verlassen werden dürfen.

Ab dem Fährhaus in **Obervogelgesang** ist unser Weg wieder gepflastert. Von dem Sackgassenschild lassen wir uns nicht beeindrucken, das gilt nicht für Radfahrer! Auf halber Strecke nach Wehlen schwenkt der Weg unter dem Bahnkörper hindurch und steigt dann für wenige Meter steil an. Am besten schiebt man diese Rampe empor, bevor man sich wieder in den Sattel schwingt. Wenn im Wehlener Ortsteil **Pötzscha** die Straße nach rechts den Berghang erklimmt, fahren wir links bergab und folgen dem Weg, der oberhalb der Bahngleise bis Rathen führt.

Im Schatten hoher Bäume steigt der Weg etwas an. Neben uns im Wald hat man zum Schutz des Weges zueinander versetzte **Geröllschutzmauern** errichtet. Die Verwitterung, die in Millionen von Jahren die schönen Formen des Elbsandsteingebirges modelliert hat, geht natürlich auch in unserer Zeit weiter. So lösen sich immer wieder Felsbrocken und poltern zu Tale. Die hier erbauten Schutzmauern fangen dieses Geröll zum Großteil auf. Eine Vielzahl von Gesteinsbrocken, die manchmal mitten in den Schutzmauern hängengeblieben sind, belegen das auf eindrucksvolle Weise. 1985 stürzte eine ganze Felswand ein, deren Blockwerk bis zur Elbe rollte. Gefahr für Leib und Leben besteht auf dieser Strecke trotzdem nicht. Der Bergsicherungsdienst beobachtet laufend alle gefährdeten Stellen und schützt Wege und Straßen vor plötzlichen Steinschlägen.

Am anderen Ufer rückt eine hohe Felswand, die sogenannten **Weißen Brüche**, in unser Blickfeld. Die schon seit Jahrhunderten in Elbnähe betriebenen Steinbrüche haben den Zerstörungsprozeß des Gebirges noch beschleunigt. Deshalb wurden bereits 1907 die Postelwitzer Steinbrüche bei Bad Schandau und 1966 der letzte im Uferbereich der Elbe eingestellt.

Nach den Weißen Brüchen sind am anderen Ufer die Felsen der **Bastei** zu sehen. In **Rathen** entsprechend der

Radwegweisung links, an dem Häuschen mit dem schönen Turm vorbei und die Bahngleise überqueren. Weiter in Richtung der Fähranlegestelle und dann entlang der asphaltierten Uferstraße. Nach einigen hundert Metern verläßt die Hauptstraße das Elbtal, wir fahren geradeaus weiter entsprechend der Wegweisung **„Strand"**. Bald wechselt unser Weg auf die andere Seite der Bahngleise.

Vor uns ragt der **Lilienstein** in die Höhe. Ein paar Kilometer weiter haben wir dann die **Festung Königstein** vor Augen. Im Angesicht der Festung wenden wir uns, die Bahn unterquerend, wieder der Elbe zu, wo wir auf einem schönen Uferweg bis ins Städtchen **Königstein** fahren können. (Zur Festung nicht wieder ans Elbufer wechseln, sondern die rechts abgehende Straße nach **Thürmsdorf** befahren. Dort links.)

Majestätisch erhebt sich die **Festung** auf dem Tafelberg 240 m über die Elbe. In einer Grenzurkunde von 1241 wird der Königstein das erste Mal erwähnt. 1459 wird der ehemals böhmische Besitz der Mark Meißen angegliedert. Die heutigen Anlagen sind im Laufe mehrerer Jahrhunderte entstanden. Eine Vielzahl von Festungsbaumeistern hinterließen auf dem Königstein ihre Visitenkarte. Bekannt wurde der Bergbaumeister Martin Planer, der mit seinen Mannen in einer Bauzeit von sechs Jahren den 152,5 m tiefen Schacht abteufte. Im Jahr 1569 konnte der Brunnen in Betrieb genommen werden, der die Festung unabhängig machte. Auch der russische Zar Peter I. bewunderte bei seinem Besuch 1712 dieses Bauwerk. Erst nach 398 (!) Betriebsjahren des Brunnens wurde 1967 der Anschluß der Burg an das zentrale Wasserversorgungsnetz vorgenommen. Mit 22 Gebäuden ist die Festung eine Stadt für sich. Hauptsächlich war der Königstein eine Zufluchtsstätte des Dresdner Hofes, wo man in Krisenzeiten die Staatsschätze in Sicherheit bringen konnte. Außerdem diente er als Staatsgefängnis. Der prominenteste Gefangene war sicher Johann Friedrich Böttger, der hier seine Arbeiten zur „Goldherstellung" fortführte. Näheres kann man in der kleinen Böttgergedenkstätte erfahren. Auch das Militärhistorische Museum lohnt einen Besuch.

Von der Festung entlang der B 172 nach Königstein.

Das Städtchen **Königstein** profitiert zwar von der Berühmtheit seiner Festung, hat aber auch einiges Sehenswertes zu bieten. Auf dem Marktplatz befindet sich eine der ehemals 1000 kursächsischen Postmeilensäulen, von denen 176 erhalten blieben. Die Postmeilensäulen sollten vor allem unterschiedliche Maßangaben, die in Sachsen gebräuchlich waren, vereinheitlichen. Adam Friedrich Zürner leitete 1730 im Auftrag August des Starken die Markierung und Vermessung des Poststraßennetzes in Sachsen. Interessant sind auch die Hochwassermarken unterhalb der Kirche, die von gewaltigen Fluten der Elbe künden. Die Stadtkirche wurde nach Plänen von Georg Bähr errichtet.

Am linken Elbufer gibt es nun wenig Möglichkeiten nach **Bad Schandau** zu gelangen. Der bisher benutzte Uferweg existiert nur auf einem Teilstück und hat keine Anbindung zu anderen Wegen. So bleibt nur die Bundesstraße oder für gut Trainierte der Abstecher über **Gohrisch**, das ca. 160 m über der Elbe liegt. Wem das alles nicht liegt, der kann auch mit der Fähre ans andere Elbufer übersetzen und entlang der Uferstraße nach Bad Schandau fahren. Zum Bahnhof vor der großen Elbbrücke rechts.

Tour 2

Auf Elbuferwegen zwischen Dresden und der Sächsischen Schweiz

Teil 2: Am rechten Ufer nach Dresden
Bad Schandau (S) – Lilienstein – Kurort Rathen (S) – Stadt Wehlen (S) – Pirna (S) – Pillnitz – Dresden-Neustadt (S)

Die Tour 2 läßt sich gut im Anschluß an Tour 1 beradeln, wobei man auch an beliebigen Elbübergängen einsteigen kann. Die Strecke ist überwiegend flach. Einige naturbelassene und unebene Wegabschnitte lassen ein Mountainbike angeraten erscheinen, oder man muß abschnittsweise das andere Ufer benutzen. Entlang des tief eingefressenen Kerbtales der Elbe erreicht man die malerischen Erholungsorte Rathen und Wehlen. Von hier kann man sich auch die Bergwelt des Elbsandsteines zu Fuß erschließen. Kultureller Höhepunkt ist Pillnitz mit seinem einmaligen Schloß und sehenswerten Parkanlagen. Als krönenden Abschluß kann man sich dem Genuß der Dresdner Kulturschätze hingeben.

Start: Bahnhof Bad Schandau (S-Bahn)

Ziel: Bahnhof Dresden-Neustadt (S-Bahn)

Streckenlänge: 48 km

Steigungen: eine kurze, kräftige Steigung hinter Prossen

Wegebeschaffenheit: meistens verkehrsfreie Wege. Auf einem Teil der Strecke Königstein–Rathen verläuft die Route über einen Wiesenpfad. Zwischen Hosterwitz und Wachwitz beeinträchtigt grobes Pflaster das Fahrvergnügen ein wenig.

Verknüpfungen: Tour 4 Pirna–Bad Schandau
Tour 5 Pirna–Dresden
Tour 10 Heidenau–Freital

Sehenswertes: Heimatmuseum Bad Schandau, Felsenburg,

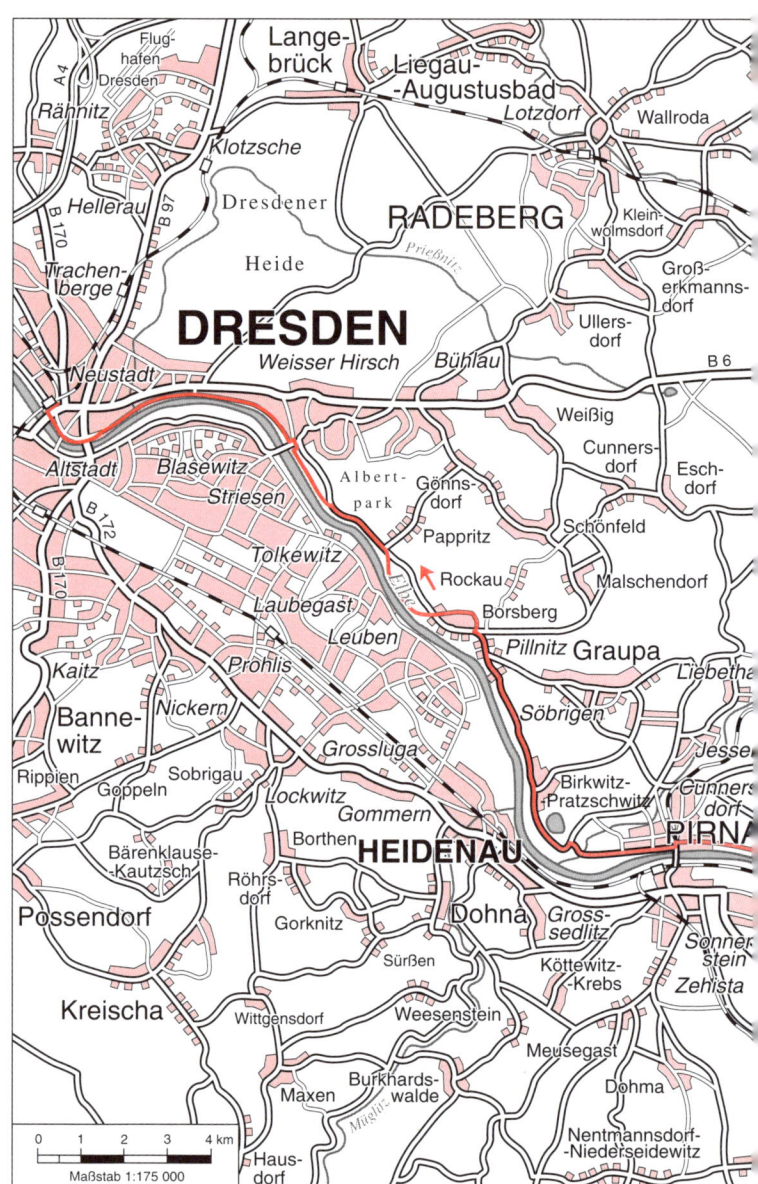

Flughafen Dresden

A 4

Rähnitz

Langebrück

Liegau--Augustusbad

Lotzdorf

Wallroda

Klotzsche

Hellerau

B 97

Dresdener

Heide

RADEBERG

Kleinwolmsdorf

Prießnitz

Großerkmannsdorf

Trachenberge

B 170

DRESDEN

Weisser Hirsch

Bühlau

Ullersdorf

B 6

Neustadt

Weißig

Altstadt

Blasewitz

Striesen

Albert-park

Gönnsdorf

Cunnersdorf

Eschdorf

B 172

Tolkewitz

Pappritz

Schönfeld

B 170

Laubegast

Rockau

Malschendorf

Leuben

Borsberg

Kaitz

Pröhlis

Pillnitz

Graupa

Liebetha

Bannewitz

Nickern

Söbrigen

Jesse

Rippien

Göppeln

Sobrigau

Grossluga

Birkwitz-Pratzschwitz

Gunnersdorf

PIRNA

Lockwitz

Gommern

HEIDENAU

Bärenklause--Kautzsch

Borthen

Röhrsdorf

Dohna

Grosssedlitz

Sonnerstein

Possendorf

Gorknitz

Sürßen

Köttewitz--Krebs

Zehista

Kreischa

Wittgensdorf

Weesenstein

Meusegast

Maxen

Burkhardswalde

Mühl

Dohma

Nentmannsdorf--Niederseidewitz

Hausdorf

0   1   2   3   4 km

Maßstab 1:175 000

30

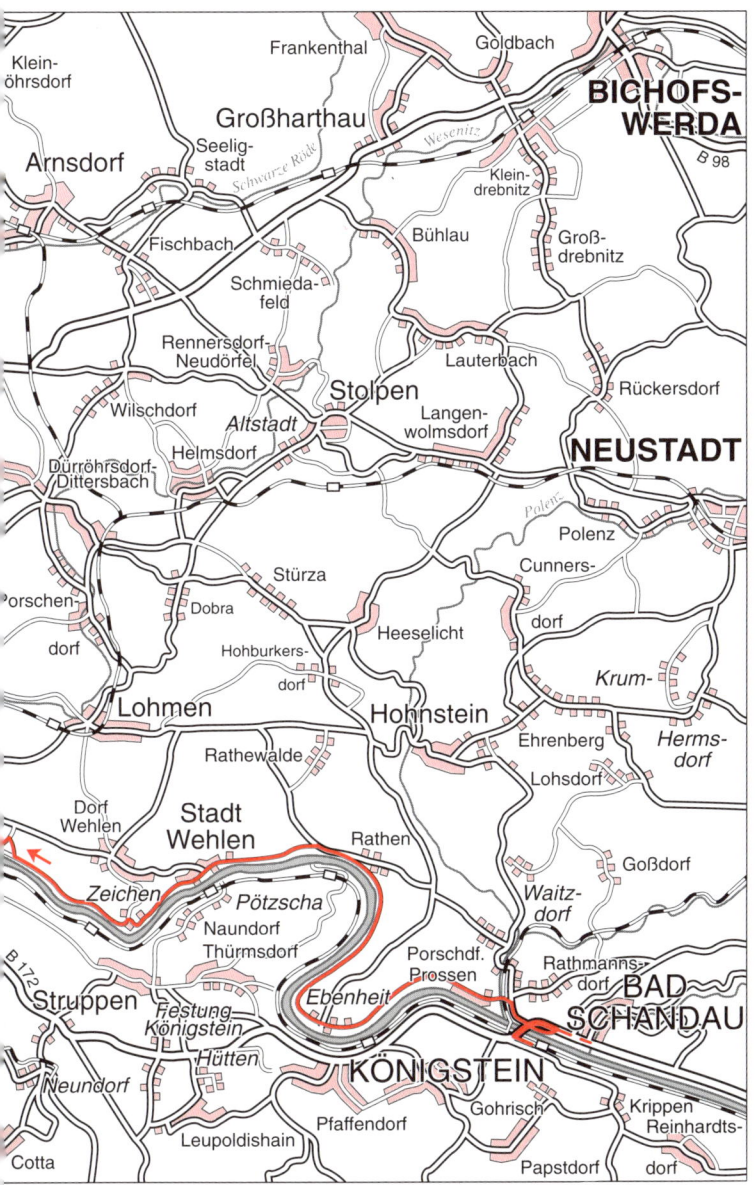

Klein-
öhrsdorf

Frankenthal   Goldbach

Großharthau   **BICHOFS-**
                                                   WERDA
              Seelig-   *B 98*
Arnsdorf   stadt   *Schwarze Röde*   *Wesenitz*
                                          Klein-
                                          drebnitz
        Fischbach   Groß-
                                               drebnitz
              Schmieda-
              feld
                                    Bühlau

        Rennersdorf-
        Neudörfel   Lauterbach
                                                 Rückersdorf
    Wilschdorf   **Stolpen**
              Altstadt   Langen-
                            wolmsdorf   **NEUSTADT**
        Helmsdorf
Dürröhrsdorf-
Dittersbach   *Polenz*
                            Polenz
                    Stürza   Cunners-
orschen-
        Dobra   dorf
dorf
              Hohburkers-   Heeselicht   *Krum-*
              dorf
      Lohmen   **Hohnstein**   *Herms-*
                              Ehrenberg   *dorf*
        Rathewalde   Lohsdorf
Dorf
Wehlen   **Stadt**
          Wehlen   Rathen
                                      Goßdorf
Zeichen   *Waitz-*
        Pötzscha   *dorf*
        Naundorf
        Thürmsdorf   Porschdf.
                     Prossen   Rathmanns-   **BAD**
Struppen *Festung* *Ebenheit*   dorf **SCHANDAU**
          Königstein
          Hütten
Neundorf   **KÖNIGSTEIN**
                          Gohrisch   Krippen
        Pfaffendorf   Reinhardts-
Cotta   Leupoldishain   dorf
                    Papstdorf

31

Neurathen, Heimatmuseum und Pflanzgarten in Stadt Wehlen, Schloß und Park Pillnitz, Schifferkirche und Carl-Maria-von-Weber-Gedenkstätte in Hosterwitz, Loschwitzer Schlösser, Elbbrücke Blaues Wunder, Historisches Stadtzentrum Dresden mit seinen barocken Bauwerken (Zwinger, Semperoper, Langer Gang mit Fürstenzug, Hofkirche, Albertinum . . .)

Karten: Topographische Karten des Landesvermessungsamtes Sachsen: Dresden und Umgebung mit Rad- und Wanderwegen 1 : 50 000; ADFC-Radtourenkarte Lausitz/Östliches Erzgebirge, Blatt 14, 1 : 150 000, Bielefelder Verlagsanstalt

Informationen:
* Dresden-Werbung und Tourismus GmbH (Stadtinformation)
* Fremdenverkehrsbüro der Stadt Pirna
* Kurverwaltung Kurort Rathen
* Bad Schandau Information

Der Bahnhof Bad Schandaus liegt mutterseelenallein am linken Elbufer. Der Rest der Stadt befindet sich auf der anderen Seite des Flusses. Eine spezielle Elbfähre bringt die mit der Bahn anreisenden Gäste ans gegenüberliegende Ufer. Neben dem Bahnsteig erinnert ein Eiszeitmarkierungsstein an vergangene Zeiten. Vor 450 000 Jahren befand sich hier der Rand des skandinavischen Inlandeises.

> Wir verlassen den Bahnhof und halten uns links. Auf der großen Autobrücke überqueren wir die Elbe und fahren rechtsherum im großen Bogen unter der Brücke hindurch, wo der Elbradweg auf der Straße verläuft. Wollen wir der Stadt unsere Aufwartung machen, entlang der Hauptstraße geradewegs in den Ort.

Gegründet wurde **Bad Schandau** wahrscheinlich in Zusammenhang mit der Entwicklung der Elbschiffahrt als böhmische Siedlung. Erst 1443 wurde das Gebiet sächsisch. Das schien die Entwicklung des Ortes zu beflügeln, denn schon ein paar Jahrzehnte später erhielt man das Stadtrecht. Einen neuen Impuls bekam die Entwicklung des Ortes, als 1730 im Kirnitzschtal,

* Adressen und Telefonnummern im Anhang

unweit Schandaus, eine eisenhaltige Quelle entdeckt wurde. Zunächst brachte man das Heilwasser auf dem Wasserweg nach Dresden. Das erste Badehaus entstand 1799, dessen berühmtester Patient Theodor Körner war. Der bescheidene Kurbetrieb nahm erst nach 1880 größere Dimensionen an, als der Rat der Stadt das Badehaus kaufte, mit hohem Aufwand rekonstruierte und erweiterte. Als anerkannter Erholungsort wurde die Stadt 1920 Bad Schandau. Als Herz der Sächsischen Schweiz genießt sie auch in der Fremdenverkehrsbranche einen guten Namen. Der entscheidende Anstoß kam in der Mitte des 19. Jahrhunderts durch die Aufnahme der Dampfschiffahrt und die Eröffnung der Böhmischen Eisenbahn. Von hier konnten die Besucher viele Touren in die bizarre Bergwelt des Elbsandsteingebirges starten.

Dem Naturfreund kann der Besuch des Bad Schandauer Pflanzengartens empfohlen werden, der zur letzten Jahrhundertwende am Ortsausgang auf dem linken Kirnitzschtalhang angelegt wurde. 1500 Arten, darunter einige Reliktpflanzen der Eiszeit, haben auf dem 3900 Quadratmeter großen Terrain ein Zuhause gefunden. Besonders zur Rhododendronzeit ist ein Besuch des Gartens angeraten, wenn sich eine Blütenpracht von Alpenrosen und Azaleen entfaltet. Im Heimatmuseum *(Badallee Nr. 10)* wird die Entwicklung des Elbsandsteingebirges und dessen Eroberung durch Bergsteiger und Touristen erläutert. Auf dem Rückweg ins Zentrum kommt man an der St. Johanniskirche vorbei. Als besonders sehenswert gilt der ehemalige Renaissancealtar (1572) der Dresdner Kreuzkirche, der seit 1927 hier seinen Platz hat.

Vorbei an der Elbbrücke erreichen wir den Bad Schandauer Ortsteil **Wendisch Fähre**. Hier verlassen wir die Hauptstraße nach links in Richtung **Prossen**. Dem aufmerksamen Beobachter wird das Hinweisschild auf den Elbradweg sicher nicht entgehen.

Vor uns beherrscht der **Lilienstein** das Bild. Je näher man kommt, desto gewaltiger und dominierender erscheint dieser Berg. Rund 300 m erhebt sich der Tafelberg über das Niveau der Elbe und bietet einen phantastischen Rundblick über die ganze Region. Wer die Aussicht genießen will, kann von der

Fähranlegestelle Königstein auf einem Wanderweg (Markierung: blauer Strich) dem Lilienstein einen Besuch abstatten. Im letzten Stück wird auf Eisenleitern das Plateau des Felsens erklommen.

Im Zentrum von Prossen fahren wir auf der schmalen Straße oberhalb des zentralen Platzes und am nächsten Abzweig links. Hier steigt die Straße ein kurzes Stück steil an, bevor wir im Schatten des Waldes auf holprigem Asphalt den Königsteiner Ortsteil **Halbestadt** erreichen.

Am anderen Ufer sehen wir erst die Stadt **Königstein** und dann die Festung, die der Stadt ihren Namen gab. Die Festung liegt auf einem Tafelberg, der die Elbe um 250 m überragt (siehe Tour 1).

Nur noch vereinzelte Häuser liegen an unserem Weg, dessen Qualität immer mehr nachläßt. An einem letzten kleinen Zeltplatz wendet sich ein als Wanderweg deklarierter Pfad den Berghängen zu. Dieser ist jedoch nur als Ausweichroute bei erhöhtem Wasserstand der Elbe zu wählen (extremer Anstieg). Bei trockenem Wetter fahren wir lieber geradeaus auf einem naturbelassenen Weg über die Elbwiesen. Noch vor dem Schiffahrtszeichen folgen wir der Fahrspur nach rechts, die dort mit dem Wanderweg zusammentrifft, der von der Höhe wieder der Elbe nahe kommt. Kurz vor Rathen haben wir erneut ideale Radelbedingungen. Der Weg ist eben und glatt.

Der Kurort **Rathen** ist der richtige Ausgangspunkt, um zu Fuß zu einem Abstecher auf die Bastei zu starten. Der Wanderweg ist mit einem roten Punkt und einem blauen Strich markiert. Rathen hat aber noch mehr zu bieten. Etwas ganz besonderes ist die **Felsenburg Neurathen**. Sie soll bereits im 13. Jahrhundert als uneinnehmbare Naturfeste böhmischer Ritter entstanden sein. Burgtore, Felsgemächer, Signalfelsen und anderes waren auf einer Fläche von 170 x 100 m Bestandteile der Burg. Bei der Belagerung von 1469 wurden große Teile der Burg zerstört und der Verfall eingeleitet. Erst in unserem Jahrhundert wurde durch Brücken und Stege ein Rundgang zu den einzel-

Fernsehturm bei Dresden-Wachwitz

Prunkboot von August dem Starken

Naturweg im Elbsandsteingebirge

nen Burgelementen geschaffen. Heerscharen von Besuchern lockt auch die Felsenbühne während ihrer Spielzeit an. Auf rund 2000 Plätzen kann man hier den Darbietungen der Künstler folgen. Vor allem Stücke, in denen die grandiose Felskulisse einbezogen werden kann, hinterlassen einen nachhaltigen Eindruck.

In Rathen überqueren wir die schmale Brücke über den Grünbach und fahren auf der Uferpromenade weiter, die in einen frisch asphaltierten Rad-/Fußweg übergeht. Mit dem Erreichen von **Stadt Wehlen** ist der ufernahe Weg als Anliegerstraße ausgebaut. Im Ortskern wenden wir uns nach rechts zum Markt.

Stadt Wehlen entstand am Fuße einer stattlichen Wehranlage, die im 12. Jahrhundert auf einem 25 m hohen Bergsporn über der Elbe thronte. Ihr Schicksal wurde durch eine mittelalterliche Verwaltungsreform besiegelt. Sie wurde nicht mehr als Verwaltungssitz gebraucht und – wie so viele andere Burgen – dem Verfall preisgegeben und als Steinbruch genutzt. Von dem Bauwerk blieben bis in unsere Tage Reste des Turmes und einige dicke Mauern erhalten. Mehr über die Geschichte der Burg kann man im Heimatmuseum erfahren. Daneben befindet sich der 1925 gegründete Pflanzgarten, der die wichtigsten alpinen und montanen Pflanzenarten beherbergt. Auf dem kleinen Marktplatz sind einige schöne Fachwerkhäuser zu bewundern.

An seiner Nordweststrecke verlassen wir den Markt wieder. Die schmale asphaltierte Straße geht kurz vor **Pirna** in einen Schotterweg über. Am Ende dieses Weges rechts und auf der Hauptstraße weiter parallel zur Elbe. Vor der Elbbrücke biegen wir nach links in die *Pratzschwitzer Straße* ein. Wir unterqueren die Brücke und fahren entlang eines Neubaugebietes. Am Ortsende läßt der Verkehr spürbar nach. Wir radeln abseits des motorisierten Besucherstroms weiter auf der Uferstraße in Reichweite des Flusses über **Pratzschwitz** und **Birkwitz** nach **Pillnitz**. Eingerahmt von Apfelbäumen schlängelt sich die schmale Straße durch die Landschaft. Kurz bevor der Asphalt Pflastersteinen weicht, wächst die Pillnitzer Elbinsel aus dem Wasser des Stromes hervor.

Die **Pillnitzer Elbinsel** ist die letzte der ehemals 18 sächsischen Elbinseln. Die anderen wurden Ende des vergangenen Jahrhunderts Opfer der Stromregulierung. Seit 1924 steht das 900 m lange Eiland unter Naturschutz und bewahrt das letzte Stück des ausgedehnten Urwaldes, der einstmals das ganze obere Elbtal bedeckte. Zahlreiche Vogelarten haben auf der Insel ihre Brutstätten, deshalb darf sie als Totalreservat nicht betreten werden.

Rechter Hand leuchtet aus den Pillnitzer Weinbergen Matthäus Daniel Pöppelmanns barocke **Weinbergkirche** herüber. Sie wurde in den Jahren 1723 bis 1727 als Ersatz für die abgetragene Kapelle des Pillnitzer Schlosses erbaut.

An der rechts abbiegenden Hauptstraße geradeaus weiter. Am Ende dieser Straße fordert uns ein Schild auf, die Fahrräder im Park Pillnitz zu schieben.

Das Pillnitzer Schloß lebt wie kein anderer Schloßbau von der engen Verbindung mit dem Wasser der Elbe. Deshalb erzielt **Schloß Pillnitz** die größte Wirkung, wenn man sich ihm vom Wasser nähert. Will man diese Ansicht genießen, kann man von Pirna oder Söbrigen mit einem Elbdampfer nach Pillnitz schippern. (Achtung: Bei starkem Passagierandrang erfolgt keine Beförderung von Fahrrädern.)

Das heutige Pillnitz geht auf August den Starken zurück, der hier eine gewaltige Anlage, die er in seinem „Großen Plan" skizzierte, errichten wollte. Obwohl diese Blütenträume nicht reiften, beeindruckt das entstandene Ensemble. Mit seiner „Verfremdung" in der Architektur unterscheidet es sich in seiner Ausstrahlung stark von anderen Prunkbauten. Die Aufnahme orientalischer Stilelemente prägt nicht nur die Fassaden, deren gemalte „chinesische" Figurengruppen an den Unterseiten der Hauptgesimse das Bild bestimmen. Am „chinesischsten" ist die Flußseite des Wasserpalais.

Zum Pillnitzer Schloß gehören fünf **Parks**: der barocke Lustgarten, der Heckengarten, der Schloßgarten, der Chinesische und Holländische Garten sowie der Englische Garten. Lustgarten, Schloßgarten und Heckengarten gehören zu den ältesten und sind, wie damals üblich, streng geometrisch gegliedert. Im nordwestlich gelegenen Englischen Garten sind 200 seltene Nadelgehölze aus allen Teilen der Welt zu bewundern. Auf dem Weg in Richtung Orangerie befindet sich die berühmte japanische **Kamelie**. Sie ist bei Botanikern in ganz Europa bekannt. Immerhin ist der neun Meter hohe und acht Meter breite Baum der einzige überlebende der ehemals vier Bäumchen, die 1770 von Japan nach Europa kamen. Um die Kamelie vor dem harten mitteleuropäischen Winterklima zu schützen, hat man ihr ein beheiztes Winterhaus gebaut. Fast hätte auch sie das Schicksal ereilt, als an einem eiskalten Wintertag (– 20 ° C) im Jahr 1905 das damals hölzerne Schutzhaus niederbrannte. Das Löschwasser der Feuerwehr gefror sofort. Statt des Baumes stand eine Eispyramide im Garten. Die Kamelie verlor sämtliche Blätter und viele Zweige. Trotzdem blieb sie am Leben.

Auch der **Holländische und Chinesische Garten** haben einige dondrologische Besonderheiten zu bieten. Unter den meist stattlichen Bäumen sind Nordmannstannen, orientalische Fichten, Gingkobäume, Eßkastanien und der Urweltmammutbaum, der, für ausgestorben gehalten, sensationell Mitte dieses Jahrhunderts noch lebend in China entdeckt wurde.

Wer die Gärten und Schlösser schon kennt, fährt vor der Schloßanlage rechts und trifft wieder auf die Hauptstraße. Die leicht ansteigende Straße führt unmittelbar an den Pillnitzer Weinbergen vorbei. Hinter der Straßenbahnhaltestelle nach links in die *Laubegaster Straße* einbiegen (zur Carl-Maria-von-Weber-Gedenkstätte links). Nach ca. 300 m treffen wir auf die *Kirchgasse*. Sie führt zur Schifferkirche **„Maria am Wasser"**, die vor allem vom anderen Ufer gut zu sehen ist.

Um 1500 wurde die Schifferkirche an Stelle eines Vorgängerbaus als spätgotische Hallenkirche errichtet. Nachdem die Kirche bei der barocken Umgestaltung 1774 ihren Zwiebelturm bekam, wurde sie zum Wahrzeichen von Hosterwitz. Die Elbe hatte hier einige Untiefen, über die die Boote gezogen werden mußten. Während die Bomätscher (Schiffszieher) damit beschäftigt waren, hatten die sich sonst immer auf dem Wasser befindlichen Schiffer Gelegenheit, in der kleinen Kirche ihren

Gottesdienst zu halten, was der Kirche den Beinamen Schifferkirche eintrug.

Unser Weg führt zurück auf die *Laubegaster Straße*, wo
wir auf unterschiedlichen Oberflächen zwischen Elbe und
Kläranlage weiterfahren. An der *Wasserwerkstraße* halten
wir uns links und biegen auf den holprigen, aber mit
Elbsandstein gepflasterten Uferweg ein.

Nun nähern wir uns dem 252 m hohen **Fernsehturm**, der von
der Wachwitzer Höhe das Ufer zu beherrschen scheint. Mit
seiner Kelchform erinnert er an einen Eisbecher der 60er Jahre.
Wer die Mühe nicht scheut, dem sei ein Rundblick von der
Besucherplattform empfohlen. Bei klarem Wetter sind in 20 bis
30 km Entfernung die markanten Berge des Elbsandsteingebirges zu sehen.

In **Wachwitz** verlassen wir den Uferweg und benutzen
den am Rand der Elbwiesen parallel dazu verlaufenden
Weg, der an einigen Stellen zum Pfad verkümmert. Kurz
vor dem „Blauen Wunder" biegen wir nach rechts in die
Friedrich-Wieck-Straße ein. Am *Körnerplatz* fädeln wir
uns nach links in den Verkehr ein. Nach einigen Metern
zweigen rechter Hand zwei Straßen von der Hauptstraße
ab. Die erste führt bergauf, die zweite bergab. Das ist
unser Weg. Er ist zwar holprig, dafür aber verkehrsfrei.

Eine gewaltige Mauer trennt hier das Gelände der **Loschwitz-
schlösser** von den Elbwiesen. Durchgänge ermöglichen einen
Abstecher in die imposante Parkanlage, die diese Bauwerke
umgibt. Nun nähern wir uns immer mehr dem Herz der sächsischen Metropole. Vor uns, am anderen Ufer der Elbe, liegt fast
all das an Baudenkmälern, was Dresdens Ruhm begründet. Das
Albertinum, die Brühlsche Terrasse, die Hofkirche, die Semperoper und der Zwinger, das bekannteste Barockbauwerk
Deutschlands. Im Hintergrund das wegen seines orientalischen
Baustils auffällige, aber als Baudenkmal weniger bedeutsame
ehemalige Tabakkontor „Yenidse".

Wir unterqueren nacheinander die Albertbrücke, die neue
Carolabrücke, die Augustusbrücke und die Marienbrücke.

Parallel zur letzteren verläuft eine Eisenbahnbrücke. Hinter der Eisenbahnbrücke nach rechts in die *Uferstraße* einbiegen, die nach Überqueren der *Leipziger Straße* in die *Eisenbahnstraße* übergeht. Wenn wir nun die Eisenbahnunterführung passieren, stehen wir direkt vor dem Bahnhof Dresden-Neustadt.

Tour 3

Burg Stolpen und das wildromantische Wesenitztal

Arnsdorf (S) – Seeligstadt – Schmiedefeld – Rennersdorf-Neudörfel – Stolpen (DB) – Helmsdorf – Dürrröhrsdorf-Dittersdorf – Elbersdorf – Porschendorf – Lohmen (DB) – Mühlsdorf – Liebethal – Hinterjessen – Pratzschwitz – Pirna (S)

Auf beinahe der gesamten Route begleitet uns die Wesenitz, ein kleiner Nebenfluß der Elbe. Wildromantisch ist nicht nur die Landschaft, sondern mitunter auch die Qualität des Weges. Dafür müssen wir uns nicht den Weg mit einer lärmenden und stinkenden Blechkolonne teilen.

Geographischer und kulturhistorischer Höhepunkt ist die Burg Stolpen, wo Gräfin Cosel, Mätresse des sächsischen Kurfürsten August der Starke, 49 Jahre ihres Lebens verbrachte.

Start: Bahnhof Arnsdorf (S-Bahn)

Ziel: Bahnhof Pirna (S-Bahn)

Streckenlänge: 50 km

Steigungen: Wesenitztal – Burg Stolpen (ca. 100 m), sonst keine nennenswerten Anstiege

Wegebeschaffenheit: Vorwiegend unbefestigte, teilweise unebene Wege. Mountainbike vorteilhaft, aber nicht Bedingung

Verknüpfungen: Tour 1 Dresden–Pirna–Bad Schandau
Tour 2 Bad Schandau–Pirna–Dresden
Tour 4 Pirna–Bad Schandau
Tour 5 Pirna–Dresden
Tour 10 Heidenau–Freital

Sehenswertes: Burg Stolpen, Stolpener Basaltsäulen, Wesenitztal mit Mühlen und wildromantischer Landschaft, Rittergutsschloß und Landschaftspark Dürrröhrsdorf, Wagnerdenkmal

Karten: Topographische Karten des Landesvermessungsamtes Sachsen: Dresden und Umgebung mit Rad- und Wanderwegen 1:50000; ADFC-Radtourenkarte Lausitz/Östliches Erzgebirge, Blatt 14, 1:150000, Bielefelder Verlagsanstalt

Informationen:
*Fremdenverkehrsbüro der Stadt Pirna
*Stadtverwaltung Stolpen

Wir verlassen das triste Bahnhofsgebäude und wenden uns auf dem Bahnhofsvorplatz nach rechts. Kurz nach der Linkskurve der *Bahnhofstraße* rechts und schließlich am Vorfahrtsschild links ab. Wir rollen am Carswaldbad vorbei. Die nach links abbiegende Hauptstraße verlassen wir rechts.

Arnsdorf wurde am Übergang der Alten Salzstraße über die Schwarze Röder im 13. Jahrhundert als Waldhufendorf von deutschen Siedlern unter dem Lokator Arnold gegründet. Als 1845/46 die Bahnlinie von Dresden über Bischofswerda nach Bautzen gebaut wurde, erhielt Arnsdorf vorerst keine Bahnstation. Eine günstige Gelegenheit nutzten die Arnsdorfer ein Vierteljahrhundert später: Weil die Stadtväter von Radeberg einen Anschluß einer Nebenstrecke in ihrem Ort ablehnten, wurde 1871 die von Kamenz kommende Verbindung bei Arnsdorf angebunden und der Bahnhofsbau nachgeholt. Der anschließende Bau der Strecke Arnsdorf–Pirna machte den Ort zu einem wahren Eisenbahnknotenpunkt. Diese verkehrsgeographische Stellung beschleunigte die wirtschaftliche Entwicklung des einstigen Bauerndorfes. Das Klinikum für Psychiatrie und Neurologie auf dem parkartigen Gelände zwischen Carswald und Stolpener Straße ging aus der 1909 bis 1912 gebauten Landesanstalt hervor.

Der **Carswald** ist ein von Wiesen und sumpfigen Flächen durchzogenes Waldgebiet bei Arnsdorf. Der Name geht auf die sehr begüterte Familie Karaz zurück, die schon im 13. Jahrhundert urkundlich erwähnt wurde und im Raum Dresden ansässig war. Wie in der Dresdner Heide waren auch im Carswald Baumzei-

* Adressen und Telefonnummern im Anhang

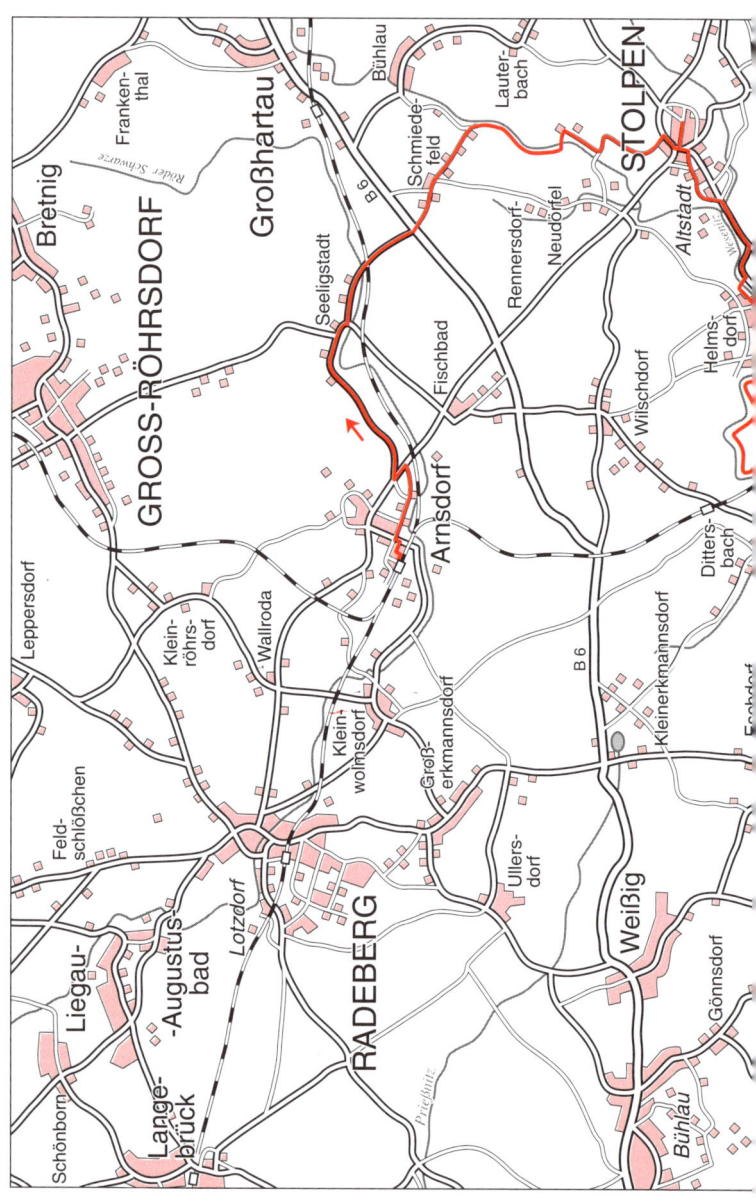

Bühlau

Lauter-
bach

STOLPEN

Frankenthal

Bretnig

Großhartau

Schmiede-
feld

Altstadt

Röder Schwarze

B 6

Rennersdorf-
Neudörfel

Helms-
dorf

GROSS-RÖHRSDORF

Seeligstadt

Fischbad

Wilschdorf

Leppersdorf

Arnsdorf

Ditters-
bach

Klein-
röhrs-
dorf

Wallroda

B 6

Kleinerkmannsdorf

Escbdof

Klein-
wolmsdorf

Groß-
erkmannsdorf

Feld-
schlößchen

Ullers-
dorf

Weißig

Liegau-

Lotzdorf

RADEBERG

-Augustus-
bad

Priefnitz

Gönnsdorf

Schönborn

Lange-
brück

Bühlau

44

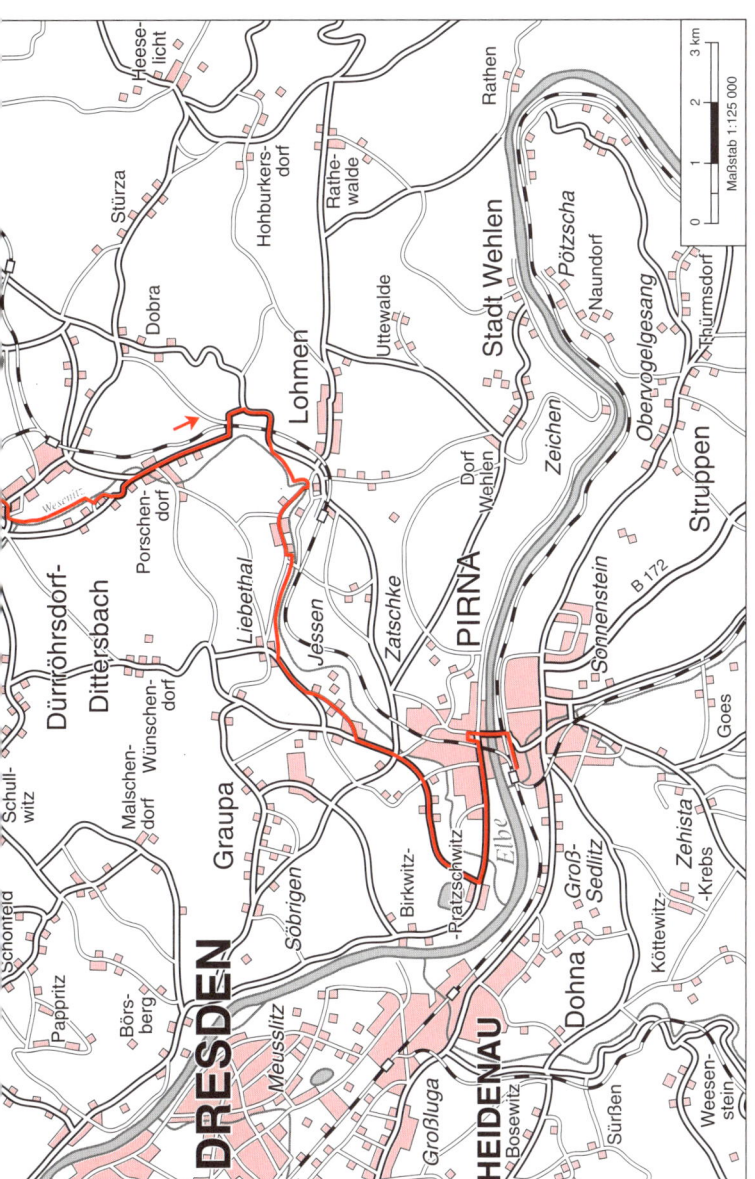

Heese-licht

Stürza

Dobra

Hohburkers-dorf

Rathe-walde

Rathen

Lohmen

Stadt Wehlen

Pötzscha

Naundorf

Uttewalde

Thurmsdorf

Porschen-dorf

Dorf Wehlen

Oberogelgesang

Wacmitz

Zeichen

Dürröhrsdorf-Dittersbach

Liebethal

Jessen

Zatschke

PIRNA

Struppen

Schull-witz

Wünschen-dorf

Malschen-dorf

Graupa

B 172

Sonnenstein

Goes

Schönfeld

Pappritz

Börs-berg

Söbrigen

Birkwitz-

-Pratzschwitz

Elbe

Groß-Sedlitz

Köttewitz-

-Zehista

-Krebs

DRESDEN

Meusslitz

Großuga

HEIDENAU

Bosewitz

Dohna

Sürßen

Weesen-stein

Maßstab 1:125 000

0   1   2   3 km

chen üblich, nur gerieten sie hier in Vergessenheit (siehe Tour 11). Dort, wo der Forst an die Gemeinde Arnsdorf grenzt, wurde 1937 das Carswaldbad eröffnet.

Wir durchqueren ein Klinikgelände und biegen nach links in die von Arnsdorf nach Stolpen führende *Hauptstraße* ein. Gleich 100 m nach dem Fußgängerschutzweg verlassen wir die Hauptstraße nach rechts und fahren über eine schmale Landstraße nach **Seeligstadt**. Die Gemeinde durchfahren wir auf ihrer Hauptstraße. Hinter dem Ortsausgang überqueren wir die Bahnlinie und nach einem leichten Anstieg die stark frequentierte Bundesstraße 6.

Unmittelbar an der Kreuzung steht der Gasthof **„Dürrer Fuchs"**. Er ist ein alter Straßengasthof, der einst an der Alten Buddisinschen Land- und Poststraße stand, deren Verlauf teilweise mit der heutigen Bundesstraße 6 übereinstimmt.

Kurze Zeit später erreichen wir Schmiedefeld.

In der kleinen, 450 Einwohner zählenden Gemeinde **Schmiedefeld** steht eine klassizistische Kirche aus dem Jahr 1818. Eine Steintafel an der Kirche weist auf zwei für die Geschichte des Ortes bedeutende Daten hin. „Der 12. Mai 1813 – ein Schrekkenstag für Schmiedefeld" – im Napoleonischen Befreiungskrieg erlitt der Ort große Zerstörungen. Etwas positiver die zweite Inschrift: „Am 21. Juli 1871 kehrten alle Söhne dieser Gemeinde, welche am ruhmreichen Feldzug 1870/71 teilgenommen, unverletzt zurück. Der Herrgott hat Großes getan."

Die Abfahrt auf der *Dorfstraße* bringt uns ins Tal der Wesenitz hinunter. Dort, wo die Straße mit einer engen Linkskurve den Ort verläßt, fahren wir geradeaus in den unbefestigten Wesenitzweg hinein. Wir rollen oberhalb eines Wiesentales entlang, durchfahren einen kleinen Wald, in dem zwei oder drei Bungalows stehen, und biegen dann rechts ab. Nach wenigen Metern zweigt links ein sehr schmaler Weg (grüne Wanderwegmarkierung) ab, dem wir mit aller Vorsicht folgen (unter dem Laub verstecken sich einige Steine und Wurzeln).

Die **Wesenitz** beginnt ihren 84 km langen, windungs- und abwechslungsreichen Lauf an der Südostseite des Valtenberges bei Neukirch. Bei Dürrröhrsdorf-Dittersbach verläßt sie die Granodioritlandschaft der Oberlausitz und tritt in das Sandsteingebiet ein. Dieser geologische Wechsel wird auch landschaftlich sichtbar. Der Charakter des Tales ändert sich grundlegend. Auf unserer Tour fahren wir vorerst durch verhältnismäßig flache, leicht vertiefte Täler. Unterhalb von Dürrröhrsdorf-Dittersbach zwängen sich Fluß und unser Talweg in enge, cañonartige Schluchten.

An der **Buschmühle** überqueren wir die Wesenitz und rollen auf dem Asphaltweg weiter talwärts. Kurz bevor die Straße aufs andere Ufer wechselt, fahren wir geradeaus den Uferhang hinauf und verlassen vorerst das Flüßchen. Bald breitet sich vor uns die Silhouette der Stadt Stolpen mit ihrer Burg und Kirche aus. Zum Marktplatz gelangen wir, indem wir der Ausschilderung zur Stadtmitte folgen.

Der Weg durch die enge Gasse in das Stadtinnere stimmt uns ein. Am **Markt** schauen wir uns begeistert um. Das Rathaus mit seinen Dachreitertürmchen (Markt 1) wurde um 1600 erbaut und später mehrmals umgebaut. Über dem Eingang prangt das Stolpener Wappen mit der Jahreszahl 1549. Auf das Gründungsjahr der Löwenapotheke (Markt 12), 1722 mit dem Apothekenprivileg August des Starken versehen, weist der vergoldete Löwe mit der Jahreszahl 1710 hin. Über dem Portal des um 1690 erbauten Neuen kurfürstlichen Amtshauses (Markt 26) findet man das Kursächsische Wappen. Der schlichte Barockbau diente den Kurfürsten als Absteigequartier. Alte Wohnhäuser aus dem 18. und 19. Jahrhundert vervollständigen das Bild des geschichtsträchtigen Marktes von Stolpen.

Bereits um 1121 wurde zum Schutz der Salzstraße von Halle nach Böhmen von den Deutschen auf der Basaltkuppe eine von hölzernen Palisaden umgebene Grenzfestung errichtet. Es war die Zeit der bäuerlichen Kolonisation. Die einst ansässigen Slawen wurden gen Osten vertrieben. Im 13. Jahrhundert ging die **Burg Stolpen** in den Besitz des Meißener Bischofs über, sie sollte als Bastion gegen Böhmen den Herrschaftsbereich sichern. Die Anlage erfuhr ihren weiteren Ausbau. Die Hussiten versuchten 1429 vergeblich, die Burg einzunehmen. Der sächsische Kurfürst besetzte 1559 die Burg und erzwang den Tausch der Ämter Stolpen und Mühlberg. Damit verlor das Bistum Meißen seinen Einfluß auf die Oberlausitz endgültig. Im Dreißigjährigen Krieg widerstand die Burg allen Belagerern. 1764 wurde sie aufgegeben, nachdem man sie zwar 1675 nochmals ausgebaut hatte, sie aber militärisch nicht mehr bedeutungsvoll war. Nur Napoleon rückte 1813 hier ein, nahm weitere Ausbauten vor, ließ sie aber bei seinem Rückzug sprengen. Dabei wurden der Siebenspitzenturm, das Bischofshaus, die Kapitelle, der doppelte Wehrgang und der Kapitalsturm zerstört. Der Brunnen wurde verschüttet. Die Anlage ist deshalb zum Teil nur noch als Ruine erhalten.

Dem Zerfall der Reste der Burg wurde Einhalt geboten, als man hier 1877 ein **Museum** errichtete. Der Besucher schreitet durch vier Burghöfe aufwärts. Im Johannisturm, auch als Coselturm in die Geschichte eingegangen, erreicht man über eine Wendeltreppe das vierte Stockwerk. Hier befand sich einst die Turmwache. Durch die Fenster des Ganges, der die Wache umgibt, schweifen die Blicke bis in die nahe Sächsische Schweiz, in die Oberlausitz, ins Osterzgebirge und auf die zu Füßen liegende mittelalterlich anmutende Stadt Stolpen. In den Räumen des Johannisturmes verbrachte Gräfin Cosel, die bekannteste, intelligenteste, machtgierigste und schönste der vielen Mätressen August des Starken, viele Jahre ihres Lebens als die Gefangene ihres einstigen Liebhabers.

Eine Meisterleistung stellt der 82 m tiefe, zwischen 1608 und 1630 von Freiberger Bergleuten erbaute **Brunnen** dar. Die Zeit von mehr als 20 Jahren war notwendig, da man täglich nur ungefähr einen Zentimeter in den äußerst harten Basalt vordringen konnte. Man wandte die Technik des Abteufens an, wie sie vom Zinnbergbau im Erzgebirge her bekannt war. Mit einem Holzfeuer wurde der Basalt erhitzt und mit kaltem Wasser abgeschreckt. Das Gestein wurde spröde und ließ sich so besser abhauen. Zwar stieg der Grundwasserstand auf eine Höhe von sieben Meter, aber die Qualität des Wassers war nicht besonders gut. Auch nach Fertigstellung des Brunnens wurde eine 1563 errichtete aufwendige Wasserkunst noch genutzt, die eigentlich durch den Brunnen ersetzt werden sollte. Diese Was-

serkunst beförderte das Wasser des südöstlich der Stadt vorbei-
fließenden Letschenbaches über Rohre in die Feste hinauf. Ein
von einem Wasserrad angetriebenes 715 m langes Gestänge
bewegte die acht Pumpen, die das Wasser etappenweise nach
oben drückten.

Bei einem Rundgang um die Burg kommen wir an Stadtkirche und einem Naturdenkmal, den Basaltsäulen vorbei.

Der Basalt ist allgegenwärtig, wandelt man durch die Burg oder
um diese herum. Viele Mauern, das Straßenpflaster, die Zisterne
– überall wurde der fünf- bis achteckige sehr harte und dunkle
Stolpener Basalt verwendet. An der westlichen Außenseite der
Burg, gleich neben der Stadtkirche, sind die **Basaltsäulen** mit
einer Länge von neun Metern als „Orgelpfeifen" am besten
ausgebildet. Vor ungefähr 30 Millionen Jahren gelangte basalti-
sches Magma durch einen schlotartigen Kanal an die Erdoberflä-
che und erstarrte. Die innere Struktur des Gesteins ließ die
verblüffend regelmäßige Geometrie entstehen.

Vom Marktplatz aus auf gleichem Weg wie gekommen
zurück (teilweise entgegen Einbahnstraße schieben). Am
Stoppschild in Richtung Pirna. Nach ca. 150 m halbrechts
ab in den *Altstädter Weg*. Die blaue Wanderwegmarkierung und später auch Radroutenmarkierung geleiten uns
durch die Altstadt und zurück zur Hauptstraße.

Die Häuser südwestlich des Burgberges in der Nähe der Wesenitz wurden als Jochgrim zeitgleich mit dem Bau der ersten
Burganlage gegründet. Am Anfang des 14. Jahrhunderts erhielt
der expandierende Ort als **Altstadt** das Stadtrecht. 1492 fast
völlig zerstört, wurde die Siedlung nahe der Burg wieder neu
aufgebaut. Von der Hussitenschanze, eine ehemalige ringför-
mige mittelalterliche Wehranlage vermutlich aus dem 13. Jahrhundert, ist kaum noch etwas zu erkennen. Die Wallreste wurden im Laufe der Jahrhunderte abgetragen. Hier sollen sich die
Hussiten während ihrer Belagerung von Jochgrim und Stolpen
verschanzt haben.

Wir fahren einige hundert Meter parallel zur Wesenitz. Am
Ortsausgang von Stolpen rechts ab. Wir rollen nun durch

Helmsdorf. Nach ca. 600 m zweigt rechts ein schmaler Weg ab, als Radweg ausgeschildert, der uns durch die Wesenitzaue führt. Am Vorfahrtsschild links, vor der Wesenitz wieder rechts ab. Nach einem kurzen Anstieg aus der Flußaue heraus halten wir uns links. Wir fahren an einem Landwirtschaftsgebäude entlang, rechts ab (Wanderwegmarkierung). Kurz nach dem Betriebsgelände, an dem wir entlangfahren, links ab und die Wesenitz überqueren. Der nun folgende Abschnitt stand bei der Überschrift Pate: wildromantisches Wesenitztal. Hier ist vor allem die Wegebeschaffenheit gemeint. Also bitte Vorsicht walten lassen!

Von einem ehemaligen Betriebs- oder Mühlengelände aus können wir wieder auf Asphalt fahren und erreichen eine Siedlung neuer Einfamilienhäuser am Rande von Dürrröhrsdorf und rollen talwärts.

Wo sich Stürzabach und Kalter Bach in die Wesenitz ergießen, wuchsen auch die an diesen Bächen gelegenen Gemeinden **Dürrröhrsdorf** und **Dittersbach** zusammen und vereinigten sich 1965 zu einem Ort. Kulturhistorisch interessant ist das ehemalige Rittergutschloß, ein dreiflügeliger Renaissancebau von 1555 bis 1563. Einer der Besitzer, der Kunstschriftsteller und Kunstsammler Quandt, ließ den Landschaftspark mit ausländischen und einheimischen Zierbäumen gestalten. Die von 1830 bis 1832 durch den Dresdner Joseph Thürmer erbaute, heute zerfallene Gartenanlage ist es wert, rekonstruiert zu werden. Nach einem Brand wurde 1660 die schlichte Dorfkirche erbaut und 1725 durch den quadratischen Westturm mit einer geschweiften Haube ergänzt. Die Kirche besitzt eine Silbermannorgel.

Die Hauptstraße überqueren wir und rollen weiter am linken Wesenitzufer talwärts.

Die Route führt über einen holprigen Weg inmitten des cañonartigen Taleinschnittes zwischen Dittersbach und Elbersdorf. Die steil ansteigenden Uferhänge lassen kaum Platz für den schmalen Weg. Die Sonne hat es schwer, Licht ins Dunkel zu bringen. Inmitten der Wesenitz liegt ein mächtiger Sandsteinblock, den

das Wasser wild schäumend umfließt. Es ist die sagenum-
wobene Teufelskanzel, auf der für weniger abergläubi-
sche eine Ruhebank aufgestellt wurde. Sie ist über einen
schmalen Fußweg auf dem rechten Ufer zu erreichen.

An der **Elbersdorfer** Mühle hat die Schüttelei ein Ende.
Wir wechseln aufs andere Wesenitzufer und fahren auf
der *Elbersdorfer Gasse* durch den Ort. Am Vorfahrtsschild
halten wir uns links und rollen bald darauf durch Porschendorf.

Die Gemeinde **Porschendorf** hat rund 700 Einwohner und
wurde 1311 erstmals urkundlich erwähnt. Schwere Zerstörungen erlitt das Dorf durch einen Brand im Jahre 1727. Die Kirche
wurde 1684 erbaut und 1902 umfangreich umgebaut.

Wegen der in der Sächsischen Schweiz aufgrund des höfischen
Jagdwesens verursachten Wildplagen schlossen sich im Mai
1790 die geschädigten Bauern von vielen Ortschaften, auch die
von Porschendorf, zusammen und bewaffneten sich notdürftig.
Man versuchte, das Wild, das sich den Jagdgelüsten der Kurfürsten zuliebe ungehindert vermehren und ausbreiten konnte, zu
verjagen. Diese Unruhen zählen zu den frühen Auftakten des
Kursächsischen Bauernaufstandes im gleichen Jahr. Dieser
brach nach der Verhaftung des Liebstädter Seilers Geißler am
10. Juli 1790 in Schleinitz aus und zählt zu den bedeutendsten
Volkserhebungen in Sachsen. Weite Teile des Landes wurden
damals erfaßt, wegen fehlender Organisation der Aufständi-
schen konnte der Aufruhr jedoch relativ schnell niedergeschla-
gen werden.

In Porschendorf richten wir uns nach der Wegweisung
Richtung Pirna. Mit Verlassen des Dorfes entfernen wir
uns auch von der Wesenitz. Zwar führt der markierte
Wanderweg weiter durch das eindrucksvolle klammartige
Tal, für den Radfahrer ist er jedoch nicht passierbar. Wir
kämpfen uns den steilen Uferhang hinauf und kreuzen
zweimal die Bahnlinie. In einer sanften Linkskurve ca.
300 m nach der Bahnbrücke – die ersten Häuser von
Lohmen sind bereits zu sehen – verlassen wir die Straße
nach rechts und fahren über einen unbefestigten Weg.

Oberhalb des Garagenkomplexes rechts halten. Wir tangieren das Betriebsgelände des Lohmener Sandsteinbruchs. Hier treffen wir auch wieder auf den blau markierten Wanderweg, der von rechts aus dem Talgrund herausführt. Auf dem sandsteingepflasterten Talweg kommen wir nach Lohmen. Am Mühlenwerk halten wir uns rechts und fahren am Fuße des steil aufragenden Burggemäuers entlang.

Im unteren Teil von **Lohmen** erhebt sich über der Wesenitz der ehemalige Rittersitz, das spätere kurfürstliche Kammergut. Erhalten ist nur noch das eigentliche Schloßgebäude mit dem einstigen Herrenhaus. Für ihre touristische Entdeckung und Erschließung war Lohmen zu Anfang des 19. Jahrhunderts das Tor zur Sächsischen Schweiz. Hier wohnte der Pfarrer Carl Heinrich Nicolai, der sich mit seinem „Wegweiser der Sächsischen Schweiz" den Ruf erwarb, Erschließer des Elbsandsteingebirges zu sein. Im Gasthof „Erbgericht" trafen sich damals die Bergführer, um die ersten Touristen in die romantische Welt der Sandsteinfelsen zu führen. Auf der sogenannten Malerstraße wanderten bedeutende Künstler der Romantik wie Caspar David Friedrich oder Ludwig Richter von Dresden über Pillnitz und den Liebethaler Grund nach Lohmen, und weiter durch den Uttewalder Grund nach Wehlen und auf die Bastei. Rathen, Hockstein, Polenztal, Hohnstein, Brand waren weitere Stationen auf dem Weg nach Schandau. Von dort aus ging man über den Kuhstall und den großen Winterberg zum Prebischtor. Erst mit der Eröffnung der Personendampfschiffahrt 1837 und dem Bau der Bahnlinie 1848/51 von Dresden nach Prag wurde die Sächsische Schweiz vom Elbtal aus erschlossen. Die Anreise wurde dadurch einfacher und billiger. Es begann ein Massenansturm, der sich mit dem einsetzenden individuellen PKW-Verkehr in der zweiten Hälfte unseres Jahrhunderts ins beinah unbeherrschbare entwickelte.

Unterhalb der Burg Lohmen wechseln wir aufs andere Wesenitzufer über. Nach einem kurzen Anstieg und einer engen Serpentine fahren wir durch die auf einem Plateau liegende Gemeinde Mühlsdorf, die sich am klammartigen Talgrund entlangzieht. Zwischen den Häusern Nr. 63 und 65 „tasten" wir uns vorsichtig den abschüssigen Weg zur

Bauernhaus in Helmsdorf

Burg Stolpen

Daubemühle in den Grund hinunter. Bei der Weiterfahrt talabwärts zur Lochmühle warnt uns ein Schild zu Recht: Radfahrer absteigen! Doch die wenigen unwegsamen Meter sind schnell überwunden.

Das **Richard-Wagner-Denkmal** von dem Dresdner Professor R. Guhr zeigt den Komponisten in überlebensgroßer Gestalt mit Harfe und heiliger Gralsschale als Gralsritter. Guhr hatte das Denkmal auf seine Kosten dem Schöpfer des „Lohengrin" gewidmet. Diese letzte romantische Oper Wagners, an der er bei einem Sommeraufenthalt auf einem Bauernhof im nahen Graupa arbeitete, beruht auf der niederrheinischen Schwanrittersage. Die Uraufführung am 28. August 1850 in Weimar leitete Franz Liszt, Wagners Schwiegervater. Der Komponist selbst wurde wegen seiner Beteiligung an der 48er Revolution steckbrieflich verfolgt und war aus Dresden geflüchtet. Sein Aufenthalt in Zürich war mit einer persönlichen und künstlerischen Wandlung verbunden. Seinen Lohengrin sah und hörte er erstmals am 15. Mai 1861 an der Wiener Hofoper. Zu diesem Zeitpunkt war das Werk bereits in zahlreichen Städten des deutschen Sprachraumes aufgeführt worden.

Steil fallen die Felsen des **Liebethaler Grundes** zu beiden Ufern der Wesenitz ab. Obwohl wir gerade noch durch die „Zivilisation" geradelt sind, fühlt man sich einsam und verlassen in finsterem, feuchtem Grund. Die dem Verfall nahen Mühlen verstärken diesen Eindruck noch. Die scheinbare Unberührtheit der Klamm täuscht jedoch, über Jahrhunderte hinweg wurde hier Sandstein gebrochen.

Die Fahrt durch den Liebethaler Grund schüttelt uns ein letztes Mal ordentlich durch, ehe wir an einem Wendeplatz glatten Asphalt erreichen. Eine sanfte Abfahrt führt uns durch Hinterjessen. Am Gasthaus **Jessen** geradeaus weiter, während die Hauptstraße einen Rechtsbogen beschreibt. Am Vorfahrtsschild halblinks in die *Radeberger Straße*. An der Ampelkreuzung die *Äußere Pillnitzer Straße* überqueren (Abkürzung: an der Ampel links ab und direkt zur Elbebrücke). Nun immer geradeaus bis nach **Pratzschwitz**. Sobald wir Pirna vorerst wieder verlassen haben, fällt unser Blick rechter Hand über das

Segelfluggelände Pirna-Copitz auf die Elbhänge mit Borsberg und Wachwitzer Fernsehturm.

Abstecher zur **Wesenitzmündung:** An der Dorfstraße Pratzschwitz rechts ab, eine S-Kurve durchfahren, links in die Fährstraße
und bis zur Elbe vor. Dort links halten. Dort, wo die Wesenitz
in die Elbe mündete, ergab sich durch das stetig eingespülte
Material eine Furt, die den Elbübergang ermöglichte. Die Mündung lag allerdings früher in der Nähe der heutigen Brücke, also
etwas flußaufwärts. Den Schlenker kurz vor ihrem „Ende" beschreibt die Wesenitz erst in letzter Zeit. Die Fährverbindung
zwischen Wesenitzmündung und dem gegenüberliegenden
Heidenau-Großseedlitz wäre der kürzeste Weg zum nächsten
S-Bahnhof, doch ist sie leider im Herbst '94 nicht in Betrieb.

Auf der *Pratzschwitzer Dorfstraße* links ab. Am Ortsausgang überqueren wir ein letztes Mal die Wesenitz. In
Elbufernähe radeln wir bis kurz vor die Elbbrücke, biegen
links ab und fahren in einem Rechtsbogen auf das in
vielen Bogen den Strom überbrückende Bauwerk hinauf.
Am anderen Ufer ist bereits der Bahnhof von Pirna zu
sehen.

Tour 4

Bastei – Die Perle der Sächsischen Schweiz

Pirna (S) – Stadt Wehlen (S) – Bastei – Rathewalde – Hohnstein
– Kohlmühle (DB) – Porschdorf – Rathmannsdorf –
Bad Schandau (S)

Auf Nebenstraßen und Waldwegen durch die Welt des Sand-
steins. Ein wenig Kondition ist schon gefragt bei dem Auf und
Ab über Höhenzüge und durch Flußtäler. Ausblicke auf Tafelberge und Ebenheiten, über das Elbtal und seinen Strom, der
Duft der Wälder und der Besuch einer beinah mittelalterlich
anmutenden Stadt sind ausreichend große Belohnung für kleine
Strapazen.

Start: Bahnhof Pirna (S-Bahn)

Ziel: Bahnhof Bad Schandau (S-Bahn)

Streckenlänge: 40 km

Steigungen: Stadt Wehlen – Bastei (ca. 200 m), Polenztal –
Hohnstein (150 m)

Verknüpfungen: Tour 2 Bad Schandau–Pirna–Dresden

Sehenswertes: Stadt Wehlen mit Heimatmuseum, Bastei mit
Basteiaussicht, Basteibrücke, Burg Neurathen, Polenztal; Hohnstein mit Burg und historischen Häusern; Sebnitztal

Karten: ADFC-Radtourenkarte Lausitz/Östliches Erzgebirge,
Blatt 14, 1:150 000, Bielefelder Verlagsanstalt

Informationen:
*Fremdenverkehrsamt Hohnstein
*Fremdenverkehrsbüro der Stadt Pirna
*Kurverwaltung Kurort Rathen
*Bad Schandau Information

* Adressen und Telefonnummern im Anhang

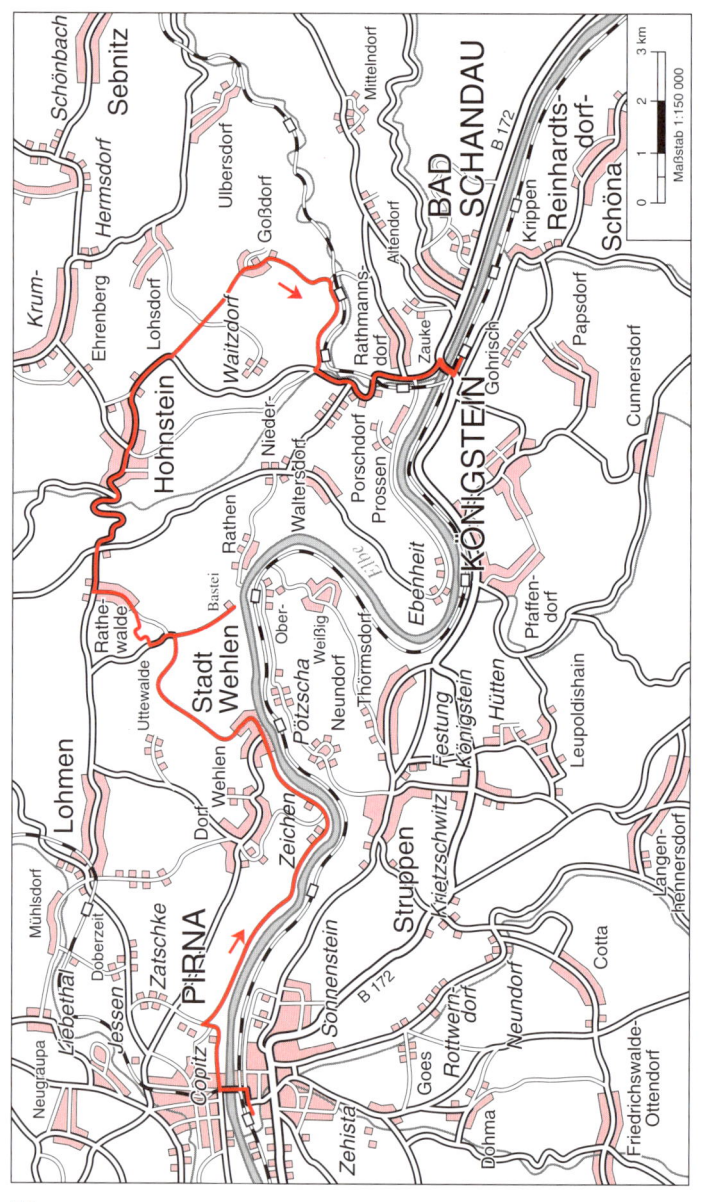

Wir überqueren die Elbe über die mehrbogige Steinbrücke. Gleich darauf rechts ab in die *Fährstraße* und über *Postaer Straße* in Ufernähe flußaufwärts.

Pirna, das Tor zur Sächsischen Schweiz. Hier verläßt die Elbe das enge, von steilen Sandsteinfelsen umgebene, sich windende Tal und fließt nun durch die bis Meißen sich erstreckende Dresdner Elbtalweitung. Pirna liegt am Kreuzungspunkt des schiffbaren Wasserweges mit einem alten Handelsweg von Böhmen über das Osterzgebirge nach Dresden und Meißen. Ein steiler Felshang über der Elbe ermöglichte die Anlage einer Burg. Diese günstige geographische Lage hat der Entwicklung der Stadt die notwendigen Impulse gegeben. Ursprünglich war es eine Furt an der Mündung der Wesenitz, die den Übergang über den Strom ermöglichte. So entstand im späten Mittelalter ein zentraler Handelsplatz. Der Reichtum von damals ist auch heute noch erkennbar: Rathaus, Bürgerhäuser und Kirchen sind steinerne Zeugen dieser Zeit. Besonders die Marienkirche mit ihrer ungewöhnlich reichen Gewölbebildung beeindruckt den Besucher. Mit der industriellen Revolution änderten sich die Bedingungen schlagartig: Der Dampfschiffverkehr auf der Elbe wurde 1837 eröffnet, der Eisenbahnanschluß von Dresden her erreichte Pirna 1848 und wurde 1851 bis nach Prag fortgesetzt. In den Jahren 1873-75 wurde die steinerne Bogenbrücke erbaut und ermöglichte den störungsfreien Elbübergang.

Verläßt die Hauptstraße das Ufer und führt in einem Bogen aufwärts, halten wir uns rechts und bleiben weiter auf der kleinen Uferstraße, die uns über den Ortsteil Zeichen bis nach Stadt Wehlen führt.

Der Name des heute nach Stadt Wehlen eingemeindeten Ortes **Zeichen** rührt von einem für die Elbschiffahrt am Ufer aufgestellten Zeichen her. Im 17. Jahrhundert siedelten sich einige Bewohner an, die von Arbeiten im Steinbruch und der Schiffahrt lebten.

Mit ca. 1600 Einwohnern ist **Stadt Wehlen** wohl eine der kleinsten Städte Deutschlands. Ursprung des Stadtrechts ist vermutlich der von der Burg erhobene Wegezoll, der die Schiffe zum Anlegen zwang. Salzmarkt, Steinbruch und Ausschiffungsplatz verhalfen dem Ort zu seiner bescheidenen Entwicklung. Als man im 15. Jahrhundert hier begann, Bier zu brauen, rief dies den Protest der Bürger Pirnas hervor. Dieses Privileg des Braurechts wollte man sich vom „Städtlein", wie Wehlen zu dieser Zeit bezeichnet wurde, nicht beschneiden lassen. Ab der Mitte des 19. Jahrhunderts konnte Wehlen durch die Personendampfschiffahrt und die böhmische Bahn, die Dresden mit Prag verbindet, am aufkommenden Fremdenverkehr teilhaben. Das Städtlein wurde zur Sommerfrische und Ausgangspunkt für Wanderungen in die Sächsische Schweiz. Das Fehlen von lästigen Durchgangsstraßen und Industrie wirkt sich natürlich positiv auf den Erholungseffekt aus. Das Heimatmuseum der Stadt Wehlen (Mai bis Oktober täglich 8-18 Uhr) vermittelt Wissenswertes zu Themen wie Natur und Geschichte des Elbsandsteingebirges, Elbeschiffahrt, Fremdenverkehr. Besonderes Ausstellungsstück: ein gläserner Bienenstock mit lebendem Volk. Im Pflanzgarten stehen knapp 1000 montane und alpine Pflanzen unter Pflege.

Im Ort wenden wir uns in Richtung Dorf Wehlen/Lohmen. Noch in der ersten Serpentinenkurve verlassen wir die *Lohmener Straße* und fahren geradeaus in den *Wehlener Grund* hinein. Der Forstweg ist als Wanderweg in Richtung Bastei/Steinerner Tisch ausgeschildert. An einer Kreuzung von mehreren Waldwegen halten wir uns halbrechts. Gabelt sich der Weg, bleiben wir auf dem asphaltierten und verlassen damit den ausgeschilderten Wanderweg zum Steinernen Tisch. Der Weg führt uns durch eine enge, steile Sandsteinschlucht. Nach einem steileren Wegstück treffen wir auf die von Lohmen kommende *Basteistraße* und fahren nach rechts zum meist besuchten Ort der Sächsischen Schweiz. Wer es ruhiger mag, schwenkt vorher rechts ab in die *Wehlstraße* zum Steinernen Tisch.

Neben der gleichnamigen Gaststätte steht der **Steinerne Tisch**. Er wurde im Jahre 1710 anläßlich einer Hofjagd aufgestellt.

Bastei – die Perle der Sächsischen Schweiz: Bei schönem Wetter herrscht hier Hochbetrieb. Kein Wunder, denn der Blick über das Elbtal und auf die Tafelberge, die sich über den Ebenheiten erheben, ist weltberühmt. Seit 200 Jahren fließt hier der

Touristenstrom. Die Bastei ist der am weitesten zur Elbe vorspringende Felsrücken und erhebt sich in 130 m Entfernung 190 m über dem Flußspiegel. Wer nicht ganz schwindelfrei ist, wird den Erbauern des Geländers dankbar sein. Die 76 m lange sandsteinerne **Basteibrücke** über die Martertelle, eine 40 m tiefe Felsschlucht, wurde 1851 erbaut und ersetzte den hölzernen Vorgänger. Sie gilt als das Wahrzeichen der Sächsischen Schweiz. Die Brücke ermöglicht den Zugang zur **Felsenburg Neurathen**. Ihr Ursprung ist sagenumwoben und weitestgehend unbekannt. Er reicht vermutlich ins 13. Jahrhundert zurück. Ein Rundgang durch die Anlage führt durch die einzelnen Räume und Höfe. Die Felsen waren durch Wehr- und Umgangsanlagen zu einer natürlichen Felsbastion verbunden, die schwer einzunehmen war.

Nach dem Abstecher zur Bastei fahren wir die *Basteistraße* in Richtung Lohmen zurück, bis diese aus dem Wald herausführt. Über den Feldweg rechts ab, bis wir auf eine schmale Asphaltstraße treffen. Hier links ab und in einer Serpentine durch den Wald. Wir fahren durch ein Bauerngut und sind damit in **Rathewalde**. Den Ort geradeaus durchfahren bis zur Hauptstraße, in diese rechts ab. Kräftig in die Pedale tretend, verlassen wir den Ort. An der Kreuzung in der Nähe der Hocksteinschänke orientieren wir uns an der Wegweisung in Richtung Hohnstein. Auf dem breiten, sich durch den Wald schlängelnden Asphaltband folgt die rasche Abfahrt ins Polenztal.

Das 800 Seelen zählende Dorf **Rathewalde** am Nordrand der Sächsischen Schweiz hat sich vom ursprünglich bäuerlichen Waldhufendorf zum Erholungsort gemausert. Die Randlage wird auch geologisch bei der Abfahrt ins Polenztal deutlich. Durch tektonische Urkräfte wurde am Ende der Kreidezeit, also vor ca. 100 Millionen Jahren, die Lausitzer Granitscholle um ca. 600 m emporgehoben und schob sich auf den Sandstein auf. Die Lausitzer Störung oder Überschiebung, wie die Fachleute das Ergebnis dieses geologischen Kraftaktes nennen, tritt als Aufschluß am Wartenberg zu Tage.

Wo die Route das **Polenztal** kreuzt, wird unser Standort zwischen zwei geologischen Welten nochmals deutlich. Schaut man flußaufwärts, blickt man in ein breites, V-förmiges Tal, das die Polenz mühsam in den Granit geschnitten hat. Talabwärts ein ganz anderer Anblick: Senkrechte, mehr als 100 m hohe Sandsteinfelsen bilden einen tiefeingeschnittenen U-förmigen Cañon. Die senkrechte Klüftung und waagerechte Schichtung des relativ weichen Quadersandsteines gab dem ständig nagenden Fluß diese phantastische Talform vor. Ehe die Scharen von Wanderern die Klamm eroberten und an den Ufern der Polenz entlang marschierten, hatte der Fluß Bedeutung für die Lachsfischerei und Holzflößerei. Einige Mühlen, heute oft zu Gaststätten ausgebaut, nutzten die Wasserkraft des Flüßchens.

> Über die in Serpentinen sich nach **Hohnstein** hinauf schlängelnde Straße kämpfen wir uns knapp 150 Höhenmeter hinauf.

Im Halbrund schmiegt sich die Stadt **Hohnstein** um die auf einem Sandsteinfels hoch über dem Polenztal thronenden Burg. Wir erreichen den Markt, der auf einem schmalen Sattel zwischen Burg- und Mühlberg liegt. Das Bürgerhaus, in dem seit 1828 die Apotheke untergebracht ist, und das Rathaus sind die einzigen Gebäude, die vom Stadtbrand 1724 verschont blieben. Mit dem Wiederaufbau der Stadt entstand auch die Stadtkirche, die nach Plänen von Georg Bähr in Zentralbauweise auf quadratischem Grundriß in Anlehnung an die ebenfalls von ihm entworfene Dresdner Frauenkirche erbaut wurde. Das Hohnsteiner Puppenspielhaus oberhalb des Parkplatzes mit Schindeldach, Ziertürmchen und dem Hohnsteiner Kaspar als Wetterfahne erinnert an den Handpuppenspieler Max Jakob, der hier 1929 eine Puppenspielstätte eröffnete.

Die Burg hat eine wechselvolle Geschichte hinter sich. Mal zu Böhmen, mal zu Sachsen gehörend, war sie Raubritternest, später Amtssitz. Die später zum Schloß ausgebaute Burg diente zeitweise als Gefängnis. Ab 1926 wurde sie Jugendburg, also eine Jugendherberge. Zwischenzeitlich mißbrauchten die Nazis die Burg nochmals als Strafanstalt übelster Sorte, als sie 1933 hier eines der ersten Konzentrationslager und ab 1939 ein Kriegsgefangenenlager einrichteten.

Übrigens, den „Standardblick" von Reiseführern und Postkarten auf Burg, Kirche und Stadt erhält man nach Verlassen des Marktes kurz nach der schmalen Gasse und einer anschließenden Rechtskurve.

Hohnstein verlassen wir in Richtung Bad Schandau. Noch vor dem Ortsausgang kommen wir am Hohnsteiner Freibad vorbei. Nach dem Ortsausgang senkt sich die Straße und wir rollen abwärts. Bereits vom Wald umgeben zweigen wir links ab in Richtung Goßdorf. Ein Steilstück ist zu bezwingen, eine Kreuzung geradeaus zu überqueren und nach einer weiteren Berg- und Talfahrt fahren wir durch **Goßdorf** abwärts. Nach Verlassen der Gemeinde senkt sich die Straße weiter, bis wir schließlich das Sebnitztal erreichen.

Goßdorf, im Gemeindeverband heute zu Hohnstein gehörig, besitzt mit dem Bahnhof Goßdorf/Kohlmühle im Sebnitztal immerhin Bahnanschluß. In den Jahren 1897 bis 1951 mußte man gar von einem „Eisenbahnknotenpunkt" sprechen: Hier zweigte eine 750-mm-Schmalspurstrecke ab, die einzige in der Sächsischen Schweiz, und führte durchs Schwarzbachtal nach Hohnstein. Bis dahin hatte sie auf einer Strecke von 12,5 km immerhin 184 Höhenmeter zu bewältigen und durchfuhr zwei Tunnel.

Treffen wir auf den Bogen einer Hauptstraße, biegen wir in diese rechts ein. Wir befinden uns damit auf dem *Sebnitztalweg,* auf dem wir bis nach Porschdorf fahren.

Nochmals zum Thema Eisenbahn: Die 1877 eröffnete Strecke Bad Schandau–Sebnitz–Neustadt verband das Elbtal mit der hinteren Sächsischen Schweiz und dem Lausitzer Bergland. Auch hier war die Realisierung der Streckenführung durch das sich windende Sebnitztal aufwendig: 28 größere und 41 kleinere Brücken, 7 Tunnel und 2 Viadukte mußten gebaut werden, 189 Höhenmeter liegen zwischen der Elbe und Sebnitz. **„Sächsische Brennerbahn"** oder auch „Sächsische Semmeringbahn" wird die Linie manchmal genannt.

Eine Station flußaufwärts liegt der Haltepunkt Mittelndorf, wohl der abgelegenste Bahnhof Deutschlands. Zur namengebenden

Gemeinde sind reichlich zwei km Fußmarsch und etliche Höhenmeter zu überwinden. Wer hier einsteigen will, muß dies durch energisches Winken bei Herannahen des Zuges dem Lokführer kundtun.

Das **Sebnitztal** ist, von der Bahnstrecke abgesehen, ein auf großen Strecken einsames, unberührtes Tal. Selbst zu Fuß ist es stellenweise nicht leicht, das Tal zu durchwandern. Zwischen Porschdorf und Kohlmühle hat sich der Fluß 100 m tief in den Sandstein gegraben. Wir durchfahren hier den Ochelgrund. In früheren Zeiten wanderten große Lachszüge die Sebnitz, die nach ihrer Vereinigung mit der Polenz Lachsbach genannt wird, aufwärts. Schon auf einer Karte von vor 1600 ist der Lachssteg unterhalb von Mittelndorf verzeichnet. Einmal beschwerten sich Mägde und Knechte bei ihrem Brötchengeber, dem sächsischen Hof in Dresden, daß es immer nur Lachs zu essen gäbe. Rücksichtslose Fangmethoden über Jahrhunderte hinweg und die Verschmutzung der Elbe sorgten dafür, daß die einst von der Nordsee kommenden Lachsschwärme seit 1933 völlig ausblieben.

Ab hier folgen wir der Hauptstraße bis nach **Rathmannsdorf** und weiter nach **Bad Schandau**. Über die Spannbetonbrücke wechseln wir auf das linke Elbufer, wo sich linker Hand der Bahnhof Bad Schandaus befindet.

Tour 5

Über die Elbhangdörfer zur Dresdner Heide

Pirna (S) – Pillnitz – Borsberg – Zaschendorf – Reitzendorf – Schönfeld – Cunnersdorf – Dresden-Bühlau – Zweienweg – HG-Weg – Heidemühle – Prießnitztalstraße – Prießnitzgrundweg – Dresden-Neustadt (S)

Neben dem kulturellen Höhepunkt Schloß Pillnitz sind es die sich immer wieder entlang der Strecke bietenden Aussichten, die den Reiz dieser Tour ausmachen. Deshalb ist diese Tour vor allem bei klarem Wetter zu empfehlen. Mit dem Erreichen der Dresdner Heide erlebt man Natur pur. Hier kann man die Seele baumeln lassen und sich abseits der geschäftigen Großstadt erholen.

Start: Bahnhof Pirna (S-Bahn)

Ziel: Bahnhof Dresden-Neustadt (S-Bahn)

Streckenlänge: 36 km

Steigungen: hügelig, zwischen Pillnitz und Borsberg ein großer Anstieg ca. 200 m

Wegebeschaffenheit: größtenteils Nebenstraßen, in der Dresdner Heide fein geschotterte Waldwege

Verknüpfungen: Tour 1 Dresden–Pirna–Bad Schandau
Tour 11 Dresden–Königsbrück
Tour 13 Dresden–Radeberg

Sehenswertes: Schloß und Park Pillnitz, Renaissanceschloß Schönfeld, Landschaftsschutzgebiet Dresdner Heide, Prießnitztal und Wasserfall

Karten: Topographische Karten des Landesvermessungsamtes Sachsen: Dresden und Umgebung mit Rad- und Wanderwegen 1 : 50 000; ADFC-Radtourenkarte Lausitz/Östliches Erzgebirge, Blatt 14, 1:150 000, Bielefelder Verlagsanstalt

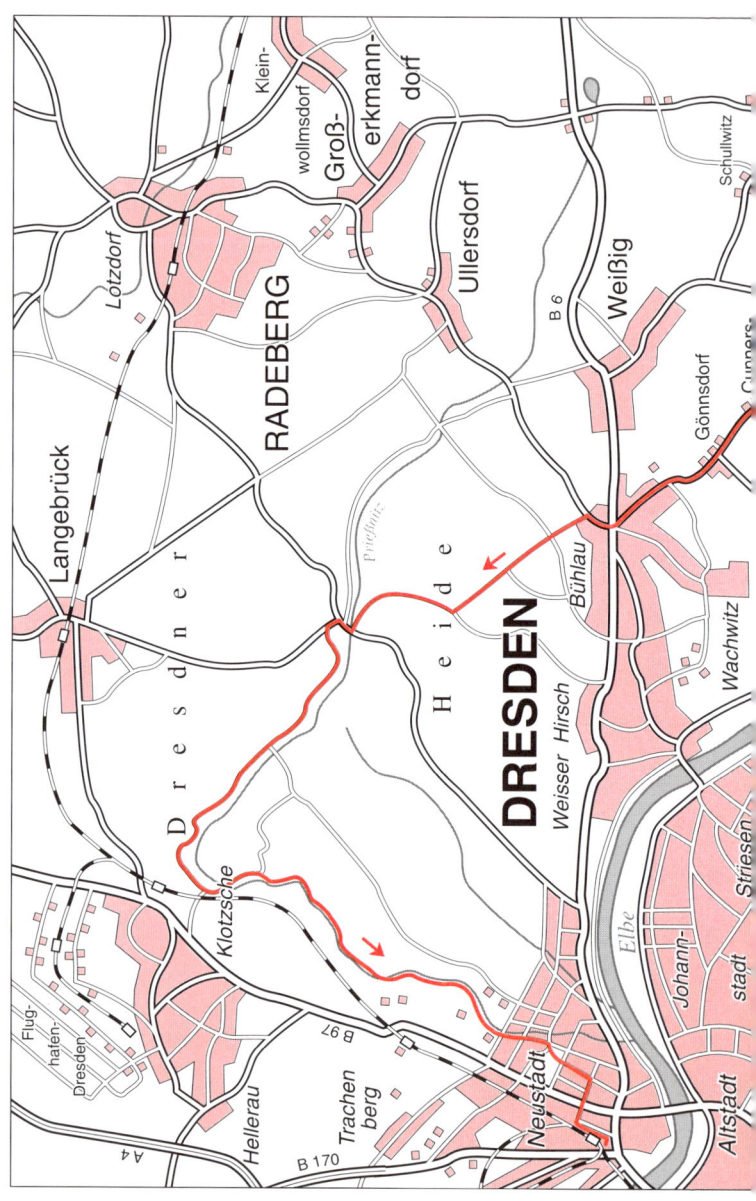

Klein-

wollmsdorf

Groß- erkmann-

dorf

Ullersdorf

Schullwitz

Weißig

B 6

RADEBERG

Lötzdorf

Gönnsdorf

Gunners-

Langebrück

Prießnitz

H e i d e

Bühlau

Wachwitz

D r e s d n e r

DRESDEN

Weisser Hirsch

Klotzsche

Elbe

Striesen

Johann-

stadt

Flug- hafen- Dresden

Altstadt

Hellerau

Trachen berg

B 97

Neustadt

A 4

B 170

66

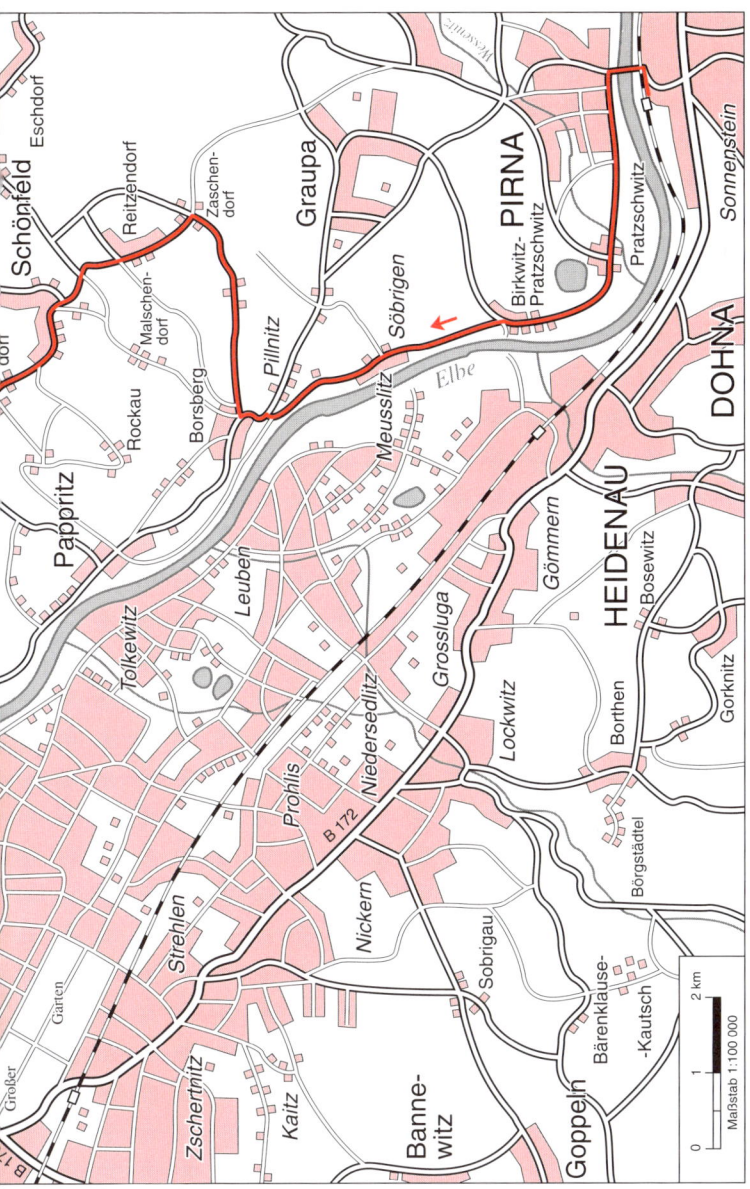

Schönfeld
Eschdorf
Reitzendorf
Zaschendorf
Graupa
Malschendorf
Söbrigen
Pillnitz
Rockau
Borsberg
Meusslitz
Elbe
Birkwitz-Pratzschwitz
PIRNA
Pratzschwitz
Sonnenstein
Pappritz
Leuben
Gömmern
HEIDENAU
DOHNA
Tolkewitz
Grossluga
Bosewitz
Niedersedlitz
Lockwitz
Borthen
Gorknitz
Prohlis
B 172
Strehlen
Nickern
Sobrigau
Börgstädtel
Gärten
Bärenklause-Kautsch
Großer
Zschertnitz
Kaitz
Bannewitz
Goppeln

0   1   2 km
Maßstab 1:100 000

Informationen:
*Dresden-Werbung und Tourismus GmbH (Stadtinformation)
*Fremdenverkehrsbüro der Stadt Pirna

Vom Bahnhof halten wir uns links und überqueren die mehrbögige Elbbrücke, die wir am anderen Ufer immer rechts haltend unterqueren. Parallel zur Elbe fahren wir jetzt auf schmalen Straßen über **Pratzschwitz** und **Birkwitz**, wie bei Tour 2 bis **Pillnitz**.

Bevor Pillnitz erreicht ist, leuchtet rechter Hand die barocke Weinbergkirche herüber. Sie wurde zwischen 1723 und 1727 nach Plänen Matthäus Daniel Pöppelmanns als Ersatz für die abgetragene Kapelle des Pillnitzer Schlosses erbaut. Weinbau wird an diesem Südwesthang des Borsbergmassivs mit seinem besonders günstigen Klima schon lange betrieben. In den Jahren 1885 und 1889 brachte die Reblaus den Weinbau allerdings fast zum Erliegen. Die Anbaufläche ging von 6000 auf 300 ha zurück. Zu DDR-Zeiten wurden nur noch 1,6 ha bewirtschaftet. Seit der Wende verzeichnet der bei Kennern beliebte Elbwein einen starken Aufschwung.

An der rechts abbiegenden *Hauptstraße* geradeaus weiter. Am Ende dieser Straße befinden wir uns am Fliederhof vor dem Neuen Palais von Schloß Pillnitz (Besichtigung siehe Tour 2). Wir halten uns rechts und treffen auf die leicht ansteigende *Hauptstraße*. Sie führt unmittelbar an den Weinbergen vorbei. Im Ortszentrum angelangt, halten wir uns rechts. Vorbei an der Sparkasse biegen wir dann nach links in die steil ansteigende *Wünschendorfer Straße* ein. Hier ist Schieben keine Schande, zumal man dadurch viel besser die phantastische Aussicht über die Pillnitzer Weinberge in Richtung Elbe genießen kann. In der Ortslage **Borsberg** haben wir das Schlimmste geschafft.

Linker Hand sehen wir den Fernsehturm von Dresden-Wachwitz. Rechts von uns befindet sich der Borsberg, ein beliebter Aussichtspunkt. Wer noch über Kraftreserven verfügt, dem sei

* Adressen und Telefonnummern im Anhang

der Abstecher zum Gipfel (ca. 40 Höhenmeter) empfohlen. Außer der herrlichen Rundumsicht vom Aussichtsturm findet man auf dem Gipfel eine Gaststätte und eine steinerne Triangulierungssäule 1. Ordnung, die 1865 für die europäische Gradvermessung errichtet wurde.

In **Zaschendorf** müssen wir links abbiegen. Rechter Hand leuchtet eine frisch getünchte Windmühle herüber, die in den letzten Jahren als Schmuckstück herausgeputzt wurde. Eine Steilabfahrt läßt uns bis **Reitzendorf** an Fahrt gewinnen. Entlang der *Hauptstraße* passieren wir den Ort. An der nächsten Kreuzung fahren wir geradeaus in das vor uns liegende **Schönfeld**.

Im Zentrum des Ortes ist neben der markanten Kirche ein Renaissanceschloß aus dem 16. Jahrhundert zu besichtigen. Es wurde auf den Resten einer frühdeutschen Wasserburg errichtet. Die Überbleibsel des einstigen Wassergrabens umplätschern noch heute das Bauwerk.

Weiter führt die Route über **Cunnersdorf** und **Gönnsdorf**, wo nach links die Zufahrtsstraße zum Fernsehturm ausgeschildert ist. Auf einer Straße mit zunehmender Verkehrsdichte fahren wir geradeaus weiter und erreichen kurz darauf den Dresdner Ortsteil **Bühlau**.

In Bühlau überqueren wir die *B 6* und fahren weiter über den *Ullersdorfer Platz* in die *Ullersdorfer Straße*, die wir entlang der zweiten links abgehenden Straße *(Heidemühlenweg)* verlassen. Dort treffen wir auf die Wanderwegmarkierung „Roter Punkt". Nach ca. 200 m endet die Straße und die Dresdner Heide beginnt.

Die **Dresdner Heide** gehörte ehemals zu einem geschlossenen Waldgebiet, das von Dresden bis nach Meißen reichte. Heute sind es noch 50 km^2, die den Dresdnern als Erholungsgebiet dienen. Daß es die Heide noch gibt, ist der Jagdleidenschaft sächsischer Fürsten zu danken. Sie hatten das Gebiet als ihr Jagdrevier auserkoren und brachten es konsequent in ihren Besitz. Dadurch wurde es von Rodungen und Besiedlungen verschont. Die vielen Saugärten und die alten Wegezeichen erinnern an diese Zeit.

Von den beiden sich gabelnden Wegen folgen wir dem linken. Hier können wir uns an der Markierung eines roten „Z" orientieren, das auf die historische Ausschilderung zurückgeht.

Die **historischen Waldzeichen** haben ihren Ursprung wahrscheinlich schon im 12. Jahrhundert. Auf kursächsischen Karten aus dem 16. Jahrhundert treten solche Zeichen vermehrt auf. Schwarze Zeichen stehen für markante Punkte, während die roten der Wegemarkierung dienten. Dieses System wurde aber nicht konsequent fortgeführt, so daß schon im 19. Jahrhundert nur noch Fragmente erhalten waren. Der Arbeitsgruppe „Historische Wegemarkierung" ist es zu danken, daß in unserer Zeit dieses vergangene Brauchtum zu neuem Leben erweckt wurde. So überzieht heute wieder ein Netz von roten Waldzeichen die Dresdner Heide.

Links unseres Weges befindet sich das eingezäunte Gelände der Forstbaumschule Dresdner Heide. Kurz darauf haben wir eine Wegkreuzung erreicht, wo wir nach rechts in den HG-Weg einbiegen (Markierung: grüner Strich), der am Feuerwachturm in den *HB-* oder *Dreibörnerweg* übergeht. Auf abfallender Strecke erreichen wir die *Radeberger Straße*, in die wir nach rechts einbiegen. Nach gut 100 Metern ist die Gaststätte Heidemühle erreicht, wo wir die Straße auf der gegenüberliegenden Seite verlassen.

Geradeaus führt ein asphaltierter Weg *(„Gänsefuß")* zum Gasthof Hofewiese. Wir biegen nach links in die fein geschotterte Prießnitztalstraße ein (Markierung gelber Punkt), die dem Flußlauf folgt.

Die **Prießnitz** ist der dominierende Wasserlauf der Dresdner Heide, der unweit des Rossendorfer Teiches entspringt. Ihr Name leitet sich vom sorbischen „breza" ab, was soviel wie Birkenbach bedeutet. Nachdem die Prießnitz an der Ullersdorfer Mühle die Heide erreicht, fließen ihr eine Vielzahl kleiner Bäche und Rinnsale zu. Sie geben ihr die Kraft, sich in vielen Windungen einen Weg durch den Sand und Granit der Dresdner Heide zu bahnen. Nach einem 24 km langen Weg und einem

Blick von der Bastei ins Elbtal

Windmühle in Zaschendorf

Park Pillnitz: Winterhaus der Camelie

Gefälle von 175 m übergibt das Flüßchen schließlich sein Wasser der Elbe.

Bei leichtem Gefälle rollen wir durch eine wildromantische Landschaft, die ihresgleichen sucht. Wassertriefend wie ein nasser Schwamm hat die Heide hier eine feuchtigkeitsliebende Flora und Fauna hervorgebracht. Kurz vor dem **Waldbad Klotzsche** versteckt sich linker Hand im Wald der Prießnitzwasserfall.

Am Waldbad Klotzsche folgen wir dem nach links abbiegenden Flüßchen. Unser Weg hat nun den Namen *Prießnitzgrundweg*. Immer dem Flußlauf folgend, überqueren wir die Todbrücke und die Kellerbrücke. Wir bleiben immer am rechten Ufer, bis wir, schon in Dresden-Neustadt angelangt, die *Stauffenberg-Allee* unterqueren. Dann biegen wir in die leicht ansteigende Gasse „*An der Prießnitz*" ein. Am *Alaunplatz* durchqueren wir rechts haltend den Park und fahren entlang der gegenüber beginnenden *Alaunstraße* weiter. Vor der Einmündung in die B 6 die rechts abgehende *Katharinenstraße* benutzen. Nach dem Überqueren der *Königsbrücker Straße* sind es nur noch wenige Meter bis zum Bahnhof Dresden-Neustadt.

Tour 6

Vom Kahleberg durch das romantische Tal der Wilden Weißeritz nach Tharandt

Altenberg (DB) – Kahleberg – Zinnwald – Rehefeld – Seyde –
Schönfeld – Talsperre Lehnmühle – Talsperre Klingenberg –
Klingenberg (DB) – Obercunnersdorf – Dorfhain – Edle
Krone – Tharandt (S)

Eine Bergabtour im Osterzgebirge. Nach dem Erklimmen des
Kahleberges stehen (fast) nur noch Abfahrten auf dem Touren-
plan. Auf ruhigen Waldwegen genießt man Natur pur.

Start: Bahnhof Altenberg (S-Bahn)

Ziel: Bahnhof Tharandt (S-Bahn)

Streckenlänge: 60 km

Steigungen: Altenberg-Kahleberg (150 m), sonst keine nennenswerten Anstiege

Wegebeschaffenheit: ca. 80% unbefestigte Waldwege

Verknüpfungen: Tour 7 Rundfahrt Tharandter Wald
Tour 8 Tharandt–Meißen

Sehenswertes: Bahnfahrt nach Altenberg; in Altenberg: Pinge,
Bergbaumuseum, Schaubergwerk; Weißeritztalsperren Lehn-
mühle und Klingenberg, Naturerlebnis Tal der Wilden Weißeritz;
Bergbaulehrpfad Dorfhain

Karten: Topographische Karten des Landesvermessungsamtes
Sachsen: Dresden und Umgebung mit Rad- und Wanderwegen
1 : 50 000; ADFC-Radtourenkarte Lausitz/Östliches Erzgebirge,
Blatt 14, 1:150 000, Bielefelder Verlagsanstalt

Informationen:
*Fremdenverkehrsgemeinschaft Östliches Erzgebirge

*Fremdenverkehrsamt Geising
*Fremdenverkehrsverband „Sächsischer Forst – Tharandter Wald"

Bereits der erste Höhepunkt des Tages ist die **Bahnfahrt** hinauf auf den Erzgebirgskamm nach Altenberg. Die Bahn schlängelt sich durch das enge Müglitztal und windet sich mühsam aus dem Elbtal heraus. Die Schwierigkeit der Streckenführung wird deutlich: 5 Tunnel und 38 Brücken, auf einer Strecke von 38 km klettert die Bahn 634 Höhenmeter hinauf. Tunnel, Brücken, schmale Schluchten wechseln sich in schneller Folge ab.

Beeindruckend sind auch die letzten fünf Kilometer: Die Bahn schraubt sich um den Geisingberg regelrecht herum und gewinnt auf dieser kurzen Strecke 164 Höhenmeter, das sind 3,1 % Steigung – für Bahnverhältnisse recht beachtlich. Wir durchqueren hier das Naturschutzgebiet Geisingbergwiesen. Das Vorkommen von Feuerlilien und Alpenkugelorchis wissen Botaniker zu schätzen. Diese Exemplare der Flora bilden hier die Nordgrenze ihres Ausbreitungsgebietes. Der Geisingberg überragt mit seinen 824 m die Altenberger Hochfläche um 100 m. Er ist aus einer der wenigen tertiären Basaltergüsse dieser Region entstanden.

Altenberg ist Wintersportgebiet Nr. 1 des Osterzgebirges. Im Sommer ist der Andrang jedoch mäßig. Das Klima ist am Kamm recht rauh und ein kräftiges Lüftchen keine Seltenheit. Aber Altenberg hat auch in kulturhistorischer Hinsicht einiges zu bieten. Als Mitte des 15. Jahrhunderts die ersten Zinnvorkommen am Geisingberg entdeckt wurden, begann die wechselvolle Geschichte des Altenberger Zinnbergbaus. Zinn findet man nicht in massiven Adern, es ist in seinem Muttergestein relativ gleichmäßig verteilt und wird entsprechend weiträumig abgebaut. Beim Abbau ging man rigoros vor: die Bergleute legten im Stollen Feuer, erhitzten auf diese Art das abzubauende Gestein, schreckten es mit kaltem Wasser ab und brachen das spröde gewordene Gestein. Dabei erstickten oft Bergleute in den Dampf- und Rauchschwaden. Die entstandenen Abbauweitungen waren so groß, daß ein Versetzen mit Holz zur Sicherung

* Adressen und Telefonnummern im Anhang

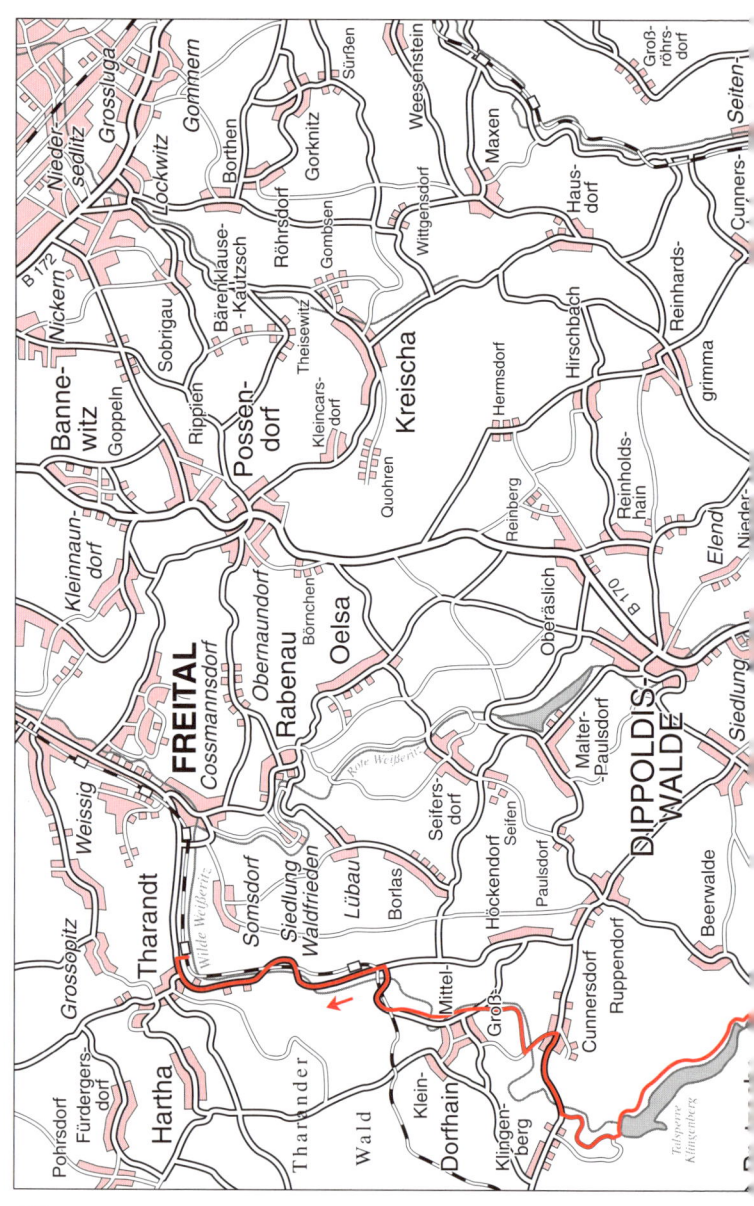

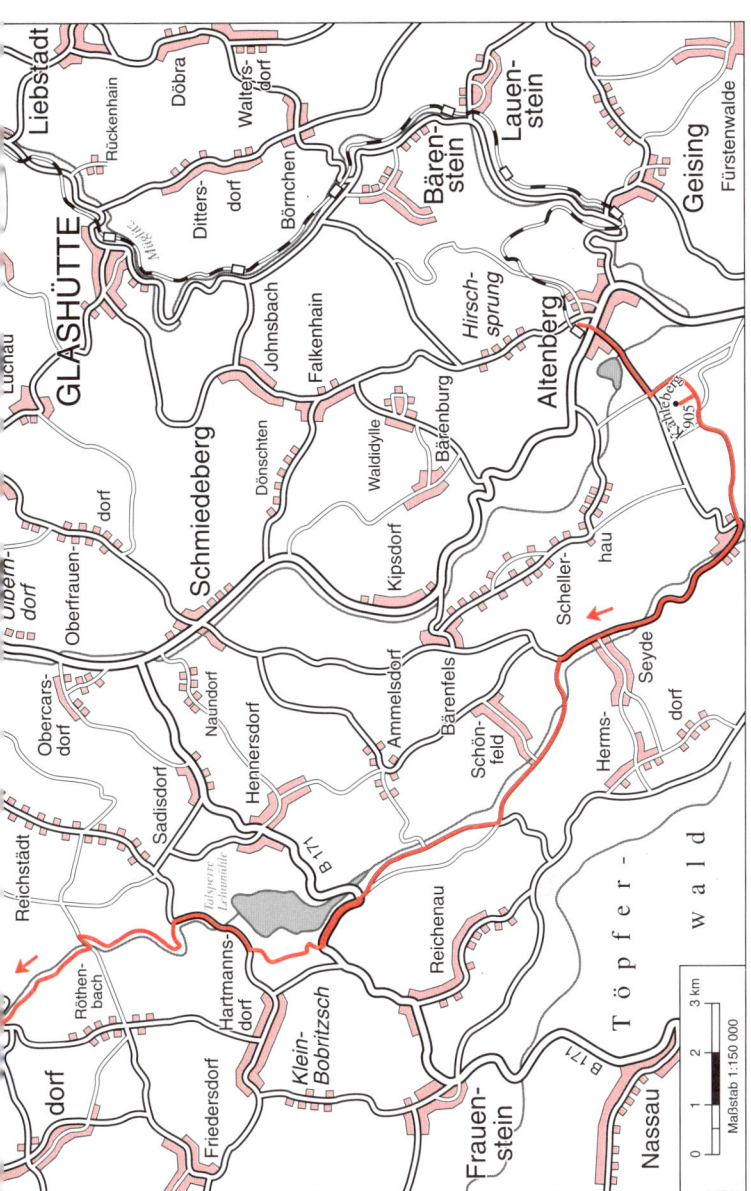

Liebstädt

Rückenhain

Döbra

Walters-dorf

Ditters-dorf

Börnchen

Bären-stein

Lauen-stein

Geising

Fürstenwalde

GLASHÜTTE

Müglitz

Lucknau

Johnsbach

Falkenhain

Hirsch-sprung

Altenberg

Kahleberg 905

Schmiedeberg

Dönschten

Waldidylle

Bärenburg

-dorf

Kipsdorf

Scheller-

hau

Ulberndorf

Oberfrauen-dorf

Ammelsdorf

Bärenfels

Schön-feld

Herms-

dorf

Seyde

Obercars-dorf

Naundorf

Hennersdorf

Sadisdorf

B 171

Talsperre Lehmmühle

Reichenau

Reichstädt

Röthen-bach

Hartmanns-dorf

Klein-Bobritzsch

Friedersdorf

Frauen-stein

Nassau

B 171

T ö p f e r -   w a l d

-dorf

0   1   2   3 km
Maßstab 1:150 000

77

nicht möglich bzw. einfach zu aufwendig war. Der Abbau wurde rücksichtslos vorangetrieben. Sicherheit, Gesundheit und Leben der Bergleute galten nichts, der Gewinn von Zinnerz war wichtiger. Am 24. Januar 1620 geschah es dann, und zwar nicht zum ersten Mal: ein großer Teil der Abbauweitungen brach zusammen, 27 Häuser stürzten ein, 25 Bergleute wurden verschüttet. Von ihnen wurden 24 lebend geborgen. Nur David Eichler, 79 (!) Jahre alt, blieb unauffindbar unter den Trümmern begraben. Ihm wird kurzerhand die Schuld am Grubenunglück zugeschoben. Noch heute scherzen die Altenberger Zinnbergleute, wenn beim Abbau Störungen auftreten: „Der alte Eichler geht um!" Steht man am Rand der Pinge, sind oberhalb der Schutthalden die angeschnittenen Stollen und Brennorte zu sehen. Selten tritt ein Untertage-Bergbau so offen zu Tage.

Auf 180 m Länge ist der **„Nebeschert-Glück-Stollen"** für Besucher erschlossen. Die Bergbautechnologien des Auffahrens und des Ausbaus von Strecken werden anschaulich dargestellt. Neben dem Schaubergwerk wird eine aus dem 16. Jahrhundert stammende Pochwäsche gezeigt. Das voll funktionstüchtige technische Denkmal zeigt einen wichtigen Vorgang der Zinnaufbereitung. Mit Pochwerk, Spitzkasten, Schöpfrad und den Freiberger Langstoßherden wird das abgebaute Material zerkleinert und ausgewaschen. Hier lüftet sich auch das Geheimnis der in dieser Gegend rot gefärbten Flüsse, die oft gleich ihren Namen mit „färbten": die Rote Weißeritz, die Rote Biela, Rotwasser. Neben dem Zinn enthielt das Zwittergestein reichlich Eisenoxide, kurz Rost. Beim Pochen, also dem Zerkleinern des Gesteins, färbte der das Wasser rot.

Wir überqueren die *E 55* vor dem Bahnhof und fahren in Richtung Rehefeld. Hat man den Ort verlassen, kann man bald darauf den ersten der beiden Galgenteiche rechter Hand ausmachen.

Die **Galgenteiche**, man zählt sie zu den ältesten Stauseen Deutschlands, wurden im 16. Jahrhundert angelegt, als wegen des enormen Wasserbedarfs der Erzwäschen neue Ressourcen erschlossen werden mußten. Über den ebenfalls künstlich angelegten Neugraben, wir überqueren ihn nach der Kahlebergbezwingung, gelangt das dringend benötigte Naß aus dem Georgenfelder Hochmoor in die eine halbe Million Kubikmeter fassenden bergmännischen Wasserspeicher, die heute touristisch erschlossen sind.

Knapp 2 km nach dem Altenberger Bahnhof zweigt links die unbefestigte *Kahlebergauffahrt* ab. Wir fahren zunächst seitlich am Berg vorbei. Am blaumarkierten Wanderweg, auf den wir treffen, rechts ab und bis zum Gipfel.

Es ist der höchste Berg des Osterzgebirges, 905 m über dem Meer. Er macht seinem Namen alle Ehre: **Kahleberg**. Allerdings hatten die Bäume es hier schon immer schwer, sich gegen Wind und Wetter zu behaupten. Auch fanden die Wurzeln kaum Halt in dem kargen Gelände. Vom Sturm zerzauste und verbogene, von der Schneelast gebrochene, mehr den Latschenkiefern ähnliche Gewächse zierten einst den Kahleberg. Die Umweltbelastung tat ihr übriges. Der Kahleberg ist heute beinah restlos kahl, nur an der Nordseite stehen noch einige verkrüppelte Bäume. Bei entsprechenden Witterungsbedingungen hat man dafür freien Ausblick. Im Nordosten hinter Altenberg erhebt sich der Geising, darunter liegt die Altenberger Pinge. Weiter nördlich blinken die beiden Galgenteiche.

Wir verlassen den Kahleberg zunächst auf dem Weg, den wir zuletzt hinaufgekommen sind. Dort, wo der markierte Wanderweg links abbiegt, wir kamen aus dieser Richtung, fahren wir jetzt nach rechts. Die blaue Markierung des Wanderweges, auf die wir bald treffen, führt uns nach Rehefeld.

Durch den dunklen Moorboden wurde der **Neugraben** gezogen, den wir bald überqueren. Er wurde geschickt unter Ausnutzung des Geländes um den Kahleberg herum geführt und brachte das benötigte Wasser für den Bergbau aus der Umgebung des Georgenfelder Hochmoors zu den Galgenteichen. Bald darauf das nächste künstlich angelegte Gewässer, der **Wüste Teich**. Sein Wasser wurde seit dem 16. Jahrhundert für die Holzflößerei genutzt.

Durch das Tal des Kleinen Warmbaches gelangen wir

nach **Rehefeld**. Wir sind jetzt im Tal der Wilden Weißeritz, die der weitere Leitfaden für unsere Tour ist.

Rote und Wilde Weißeritz, die weite Teile des Osterzgebirges seit Jahrtausenden formten und entwässerten, flossen früher als separate Flüsse in die Ebene. Infolge geotektonischer Vorgänge im Tertiär tat sich bei Tharandt ein Hindernis auf, das die Wilde Weißeritz nach Osten abbiegen ließ, wo sie sich bei Hainsberg mit ihrer Namensschwester vereinigt. Beide Flüsse wurden seit langem gewerblich genutzt. Öl- und Getreidemühlen sowie Pochwerke gab es reichlich an beiden Flüssen. Auf ihnen wurde das Holz der Erzgebirgswälder bis nach Dresden transportiert. Auffallend aber ist heute die unterschiedliche Erschließung der beiden Täler. Während durch das Tal der Roten Weißeritz die Bahnlinie der Schmalspurbahn Freital–Kipsdorf und die Fernverkehrsstraße Dresden–Prag führen, ist es im Tal der Wilden Weißeritz weniger wild. Nur wenige Straßen kreuzen das Tal. Zwischen Rehefeld und Tharandt liegt nicht ein einziger Ort direkt im Tal. Nur auf kurzen Abschnitten wird der Fluß von wenig befahrenen Straßen begleitet.

Der Ursprung von **Rehefeld-Zaunhaus**, so die genaue Bezeichnung der Gemeinde, geht ins 16. Jahrhundert zurück. Ein Zaunknecht hatte den Wildzaun, der das Jagdrevier umfaßte, instandzuhalten. Das ihm zur Verfügung gestellte Wohnhäuschen, das Zaunhaus, gab der späteren Siedlung den Namen. Der Ort liegt idyllisch im vom Hochwald eingefaßten Wiesental der Wilden Weißeritz. Der Flußname täuscht, hier ist es sehr ruhig, fast zu ruhig. In weiten Abständen verlieren sich die spitzdachigen Gebirgshäuser, deren Obergeschosse und Giebel mit den verschiedensten Schindelmustern verziert sind.

Die Ortschaft **Seyde** streifen wir nur, dann steigt die Straße an und klettert rechts den Hang hinauf – jedoch ohne uns. Unsere Route führt als rotmarkierter Wanderweg von der Kurve hinunter ins Flußtal. In **Schönfeld** überqueren wir den Fluß und verlassen die Straße wiederum mit dem rotmarkierten Wanderweg. Am oberen Ende der Talsperre Lehnmühle fahren wir geradeaus auf die B 171, die Dippoldiswalde mit Marienberg verbindet. Steigt die Straße in einer Linkskurve steiler an, verlassen wir sie auf dem weiterhin rot gekennzeichneten Wanderweg. Achtung! Kurz hinter dem Forsthaus im Walde nicht geradeaus zum Wasser, sondern links abbiegen.

Das Gefälle der Weißeritz ist groß: auf 51 km fällt sie 643 Höhenmeter. Das Wasser fließt schnell ab. In trockenen Zeiten läuft der Fluß deshalb beinah leer, er wird zum dünnen Rinnsal. Andererseits hatten plötzliche Schneeschmelze oder Wolkenbrüche verheerende Folgen. Zur Vermeidung solcher Gefahren und aus wirtschaftlichen Aspekten heraus wurden später die drei Weißeritztalsperren Klingenberg, Lehnmühle und Malter errichtet. Die **Talsperre Lehnmühle** ist die jüngste der drei Schwestern. Sie wurde 1926-31 als erste in Europa mit einer geradlinig verlaufenden Sperrmauer errichtet. Die Talsperre hat zwei Aufgaben zu erfüllen: Trinkwasserversorgung der Landeshauptstadt Sachsens und Hochwasserregulierung.

Kurz vor Erreichen der Stadtmauer lichtet sich der Wald. Wir halten uns rechts und treffen unterhalb der Stadtmauer auf die Talstraße. Nach gemütlichen zwei Kilometern weichen wir wieder auf den rot markierten Waldweg nach links aus, während die Straße in einer scharfen Rechtskurve das Tal verläßt. Geht es geradeaus nur noch über eine unwegsame Viehweide, überqueren wir die Wilde Weißeritz, kämpfen uns einige Höhenmeter im Bogen hinauf und biegen bei erster Gelegenheit rechts ab. Nach einigen Kilometern Fahrt durch den Wald kreuzt wieder eine Straße das Tal. Hier kurz links und am Forsthaus nach rechts den Asphalt verlassen. Auf dem östlichen Ufer, auf das wir zwischen Vorsperre und **Talsperre Klingenberg** wechseln, erreichen wir die Stadtmauer.

Für Sauberkeit der **Trinkwassertalsperre Klingenberg** wird gleich am Einlauf gesorgt: ein Rechen fängt mitschwimmendes Laub und andere Teile ab und wird regelmäßig gereinigt. Ansonsten bietet das Wasser des Flusses, zumindest rein äußerlich, entsprechende Sauberkeit, denn es ist absolut klar. Eine himmlische Ruhe liegt über dem Gelände. Die Bäume rauschen im sanften Wind, einige Angler beweisen Geduld am Uferrand. Der Boden des Stausees war früher ein breites Wiesental, in dem nur eine Holzmühle von Zivilisation zeugte. In den Jahren 1910 bis 1914 wurde die Anlage errichtet und schützt seitdem vor Hochwasser. Weitere wichtige wasserbauliche Anlagen sind unseren Augen jedoch verborgen. Unterirdische Rohrleitungen, 30 km lang, bringen das Wasser in zwei Freitaler Hochbehälter, von dort wird die weitere Verteilung für Dresden und Freital vorgenommen. Für die zahlreichen Mühlen, Sägewerke und Fabriken am Unterlauf der Wilden Weißeritz fehlte mit dem Abzweigen des Trinkwassers die erforderliche Wassermenge für deren weitere Funktionstüchtigkeit. Ein zweites Leitungssystem versorgt diese einerseits direkt mit Wasser, andererseits werden damit noch kleine Kraftwerke betrieben, deren Strom die ausgefallene Wasserkraft ersetzt. Aus diesem komplizierten Leitungssystem resultieren auch die an den verschiedenen Flußabschnitten unnatürlich erscheinenden unterschiedlichen Wasserstände.

Die rasante Abfahrt von der Dammkrone am linken Ufer der Weißeritz endet am unteren Zipfel von **Klingenberg**. Wir biegen rechts ab und müssen seit dem Kahleberg wieder den ersten richtigen Anstieg meistern. Kurz hinter dem Ortseingang **Obercunnersdorf** links ab. Kräftig bremsend rollen wir wieder zur Weißeritz hinunter und überqueren sie. An ihrem linken Ufer über die Weide weiter flußabwärts. Unser Weg wird von einem Bergbaulehrpfad bis **Dorfhain** begleitet. Bei Dorfhain setzen wir die Fahrt am rechten Ufer über einen Waldweg oder linksseitig der Weißeritz durch das Dorf fort. In Edle Krone links halten und weiter bis Tharandt. In Tharandt an der *Hauptstraße* rechts und bis zum Bahnhof.

Tour 7

Rundfahrt durch den Tharandter Wald

Tharandt (S) – Edle Krone (DB) – Seerenbachtal – Bahnhof
Klingenberg (DB) – Grillenburg – Triebischtal – Tharandt (S)

Abseits von großen Straßen, massentouristischen Anziehungs-
punkten und industrieverdorbenen Landschaften bahnen wir
uns einen Weg d   den Tharandter Wald. Er gilt als einer
der schönsten W   r Sachsens. Das vielfältige Grün der
Laub- und Nadell   ne bedeckt eine stark gegliederte Berglandschaft. Wir w   n dem Lauf der Triebisch, die inmitten
des Waldes entsp   t, auf einem ihrer schönsten Abschnitte
folgen.

Start und Ziel: Ba   of Tharandt (S-Bahn)

Streckenlänge: 4   n

Steigungen: kein   nnenswerten Anstiege

Wegebeschaffen   : ca. 70% unbefestigte Waldwege

Verknüpfungen: 8 Tharandt–Meißen

Sehenswertes: dschaftsschutzgebiet Tharandter Wald,
Lips-Tullian-Felse   rillenburger Jagdschloß mit forstlicher und
jagdkundlicher Le   chau, Warnsdorfer Quelle

Karten: Topograp   he Karten des Landesvermessungsamtes
Sachsen: Dresde   d Umgebung mit Rad- und Wanderwegen
1 : 50 000

Informationen:
*Fremdenverkeh   nt Kurort Hartha
*Fremdenverkeh   rband „Sächsischer Forst – Tharandter
Wald"

*Adressen und Telefonnummern im Anhang

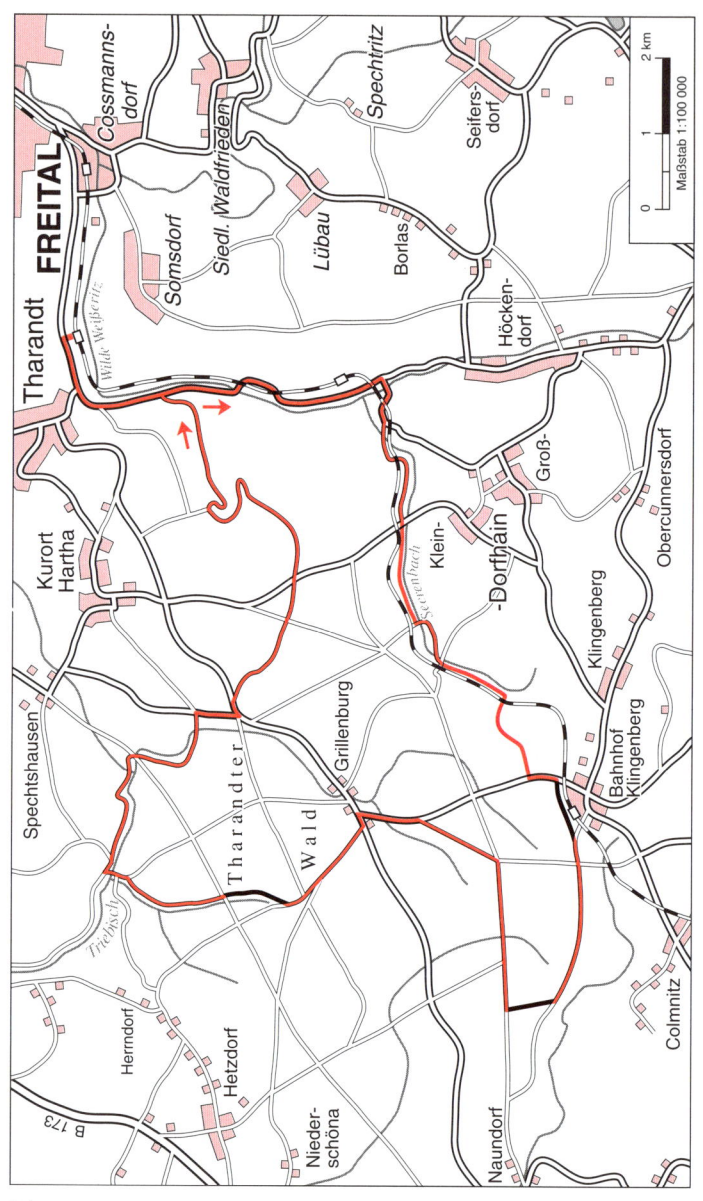

FREITAL

Tharandt

Cossmanns-dorf

Somsdorf

Siedl. Waldfrieden

Lübau

Spechtritz

Borlas

Seifers-dorf

Wilde Weißeritz

Höcken-dorf

Kurort Hartha

Groß-

Klein-

-Dorfhain

Klingenberg

Obercunnersdorf

Seerenbach

Spechtshausen

T h a r a n d t e r

W a l d

Grillenburg

Klingenberg

Bahnhof Klingenberg

Triebisch

Herrndorf

Hetzdorf

Nieder-schöna

Naundorf

Colmnitz

B 173

2 km

1

0

Maßstab 1:100 000

Wir verlassen das Bahnhofsgebäude und wenden uns nach links, um noch vor dem eigentlichen Stadtzentrum von Tharandt in Richtung Edle Krone abzuzweigen. Schon bald reichen die Bäume des Tharandter Waldes bis fast an die Straße heran.

Das ausgedehnte Gebiet des **Tharandter Waldes** bietet eine Fülle landschaftlicher und kultureller Reize. Die Schönheit dieser abwechslungsreichen Landschaft wurde bereits in der Zeit der Romantik entdeckt. Als Heinrich von Kleist im Jahre 1800 in Tharandt weilte, beschrieb er seiner Verlobten mit folgenden Sätzen seine Eindrücke: „In dem reizenden Tale von Tharandt war ich unbeschreiblich bewegt. . . . solche Täler, eng und heimlich, sind das wahre Vaterland der Liebe." Mit seinen 6000 Hektar Fläche ist der Tharandter Wald etwa ebenso groß wie die Dresdner Heide, jedoch auf Grund seiner größeren Entfernung zur sächsischen Landeshauptstadt weniger überlaufen.

Den Ruf als Forststadt hat Tharandt der Berufung des Thüringers Heinrich Cottas als „Forstrath und Direktor der Forstvermessung und Taxation" zu danken. 1811 übersiedelte Cotta mit seiner Lehranstalt ins Sächsische. Fünf Jahre später hatte er erreicht, daß seine Lehranstalt in den Status einer Königlich Sächsischen **Forstakademie** erhoben wurde, der er als Direktor vorstand. Seinem Wirken ist es zu danken, daß die Akademie sich über die sächsischen Grenzen hinaus ein hohes Ansehen erwarb. Als Heinrich Cotta starb, wurde er nahe dem Forstgarten am Rande des Tharandter Waldes beigesetzt, wo man im Jahr zuvor zu seinem 80. Geburtstag 80 Eichen gepflanzt hatte. Heute ist die Forstakademie ein Teil der Technischen Universität Dresden.

Wir radeln das Kerbtal, das die Wilde Weißeritz im Laufe der Jahrhunderte schuf, talaufwärts, fahren durch das Naturschutzgebiet „Weißeritzhänge". In Edle Krone wenden wir uns nach rechts Richtung Dorfhain.

Edle Krone – ein außergewöhnlicher Name. Er leitet sich aus dem ehemaligen Bergwerk „Edle Haupt Crone" ab, das wie viele dieser Gegend dem Silbererzbergbau diente.

An der Einmündung des Seerenbaches verlassen wir das Tal der Wilden Weißeritz. Der mit grünen Balken markierte Wanderweg unterquert neben dem Seerenbach die Bahnlinie.

Auch die aus Dresden kommende Hauptstrecke der **Eisenbahn** verläßt hier das Tal der Wilden Weißeritz und klettert aus dem tief eingeschnittenen Tal auf das Erzgebirgsvorland. Bei der Steigung von 1 : 40 (228 m auf 11,6 km), es ist die für Hauptstrecken früher höchstzulässige, waren vor der Elektrifizierung der Linie ab Tharandt zusätzliche Hilfslokomotiven erforderlich. Die Kompliziertheit des Trassenbaus wird unmittelbar am Bahnhof Edle Krone deutlich, wenn man an der den Bahnkörper sichernden gewaltigen Stützmauer vorbeifährt.

Wir kreuzen die *Landstraße Hartha-Dorfhain* (Info-Tafel). Knapp einen Kilometer danach gabelt sich der Weg, wir wechseln auf das andere Ufer des Seerenbaches und erreichen nach einem kurzen Anstieg den Seerenteich.

Im **Seerenbach** wurde einst Holz aus dem Tharandter Wald in die Wilde Weißeritz und weiter bis zum 23 km entfernten Dresdner Holzhof geflößt. Um den Wasserstand bei Bedarf auf das erforderliche Niveau bringen zu können, wurden Flößteiche angestaut. Auch der **Seerenteich** wurde zu diesem Zweck 1828 angelegt. Im Jahre 1872, zehn Jahre nach Fertigstellung der Bahnstrecke Freiberg–Dresden, gingen die letzten Flöße den Seerenbach hinunter (Schutzhütte, Imbiß).

Die erste Kreuzung nach dem Seerenteich überqueren wir geradeaus. Bei der nächsten Möglichkeit rechts ab, Seerenbach überqueren und die Bahnlinie durch einen Tunnel unterqueren. Nach einem kurzen Anstieg fahren wir geradewegs in den A-Flügel *(Lehmgrubenweg)* hinein. An der Landstraße links ab und bis Ortseingang **Klingenberg**. Unmittelbar vor der Bahnbrücke rechts ab. Der Asphalt geht in einen unbefestigten Waldweg über. Dieser steigt vorerst leicht an und senkt sich schließlich wieder. An einer kleinen Lichtung zweigt links ein schmaler Weg zum Lips-Tullian-Felsen ab.

Lips Tullian war neben Nicol List und Johannes Karraseck einer der größten sächsischen Räuberhauptmänner. Sein spektakulärster Raubzug war der Einbruch ins Beichlingsche Haus am Dresdner Altmarkt im Jahre 1702. Man verschaffte sich Zugang zum vermeintlich sicher verwahrten silbernen Tafelgeschirr, indem man einfach eine Mauer durchbrach. Diese Kühnheit brachte dem Räuber die Anerkennung der Dresdner Diebeszunft ein. Viele Raubzüge unternahm er auch in der Umgebung des Tharandter Waldes. Die Kirchen von Höckendorf, Schmiedefeld, Dippoldiswalde, Pretschendorf, Rabenau, Possendorf und andere wurden von ihm und seiner Räuberbande erfolgreich heimgesucht. Bei einem Herrn Hartitzsch in Colmitz, der angeblich 8000 Taler bar in seinem Hause haben sollte, mußte er mit nur unbedeutender Beute wieder abziehen, weil der Hausherr aufwachte und die Diebe überraschte. Daß er im Tännichtgrund zu Füßen des Tullianfelsens ein Versteck für sein Diebesgut haben sollte, ist mehr eine Sage. Die Diebeskammer am Colmnitzbach ist jedoch in vielen Wanderkarten eingetragen. Eines Tages rächt sich jede Unehrlichkeit. Am 8. März 1715 wurden Lips Tullian und viele seiner Mittäter unter den Augen von 20 000 (!) Zuschauern auf dem heutigen Dresdner Alaunplatz hingerichtet. Den Ruf als „edler Räuber" in der Art eines Robin Hood genoß er ohnehin nicht, weil er Reiche wie Arme skrupellos ausraubte.

   Senkt sich der Weg, biegen wir rechts ab. Dieser Weg trifft nach ca. 300 m auf den B-Flügel und wir schwenken nochmals rechts ab. An der großen Waldwegekreuzung (Schutzhütte) links ab in Richtung Grillenburg. Geradeaus in die Landstraße und bis Grillenburg.

Das älteste von **Grillenburg** sind die Teiche. Sie wurden schon im 12. Jahrhundert zur Karpfenzucht angelegt und werden heute als Gondel- und Badeteiche genutzt. Mitte des 16. Jahrhunderts wurde eine kurfürstliche Jagdsiedlung, bestehend aus dem Fürstenhaus, dem Jagdhaus, der Schösserei, einer Schänke sowie mehreren Ställen gebaut. Im Laufe der Zeit wurden die Gebäude zerstört, geplündert, abgerissen oder umgebaut. Überbleibsel aus alten Zeiten ist das durch Umbau aus der Schösserei hervorgegangene Grillenburger Jagdschloß. Es beherbergt heute die forstliche und jagdkundliche Lehrschau der Technischen Universität Dresden, Sektion Forstwirtschaft (Di.-So. 10-17 Uhr).

Unmittelbar am Ortsausgang in Richtung Naundorf/Freiberg biegen wir in den asphaltierten Waldweg, das „Jägerhorn", rechts ein. Gabeln sich die Waldwege knapp 400 m später, wählen wir den rechten. Nach ca. drei Kilometern senkt sich der Weg. Kurz darauf kreuzen wir den **Triebenbach** und biegen rechts ein in den dieses Gewässer in sanftem Gefälle begleitenden Weg. Die schöne Abfahrt endet am *Grunder Weg* im Triebischtal.

Die **Triebisch** entspringt oberhalb von Grillenburg und speist die bereits erwähnten Karpfenzuchtteiche. Noch im Tharandter Wald erhält sie „Verstärkung" durch Kroatenwasser, Warnsdorfer Bach und den Triebenbach. Nach 37 km Lauf mündet die Triebisch als kleines, leider aber nicht mehr so reines Flüßchen bei Meißen in die Elbe.

Wir überqueren die Triebischbrücke und setzen die Fahrt am anderen Ufer talaufwärts fort. Nachdem wir den F-Flügel gekreuzt haben, verschlechtert sich die Qualität des Weges. In den nächsten asphaltierten Waldweg biegen wir rechts ein und radeln bis zum *Zigeunerplatz* an der *Landstraße Grillenburg-Hartha*. In diese scharf links einschwenken. Kurz bevor die Landstraße ansteigt, verlassen wir sie nach rechts über den Warnsdorfer Weg.

Die **Warnsdorfer Quelle** diente einst dem Ort Warnsdorf als ergiebiger Brunnen. In den achtziger Jahren wurden Reste einer Siedlung gefunden, die im 12. Jahrhundert gegründet, später aber wieder verlassen wurde. Man spricht deshalb auch von der wüsten Mark Warnsdorf. Heute versorgt die vier Liter pro Sekunde spendende Quelle Tharandt und den Kurort Hartha mit Trinkwasser.

Die große Waldwegekreuzung überqueren wir geradeaus und kreuzen später die *Straße Hartha-Dorfhain*. An der nächsten „Wegspinne" halten wir uns halb links, ausgeschildert in Richtung **„Breiter Grund"**. Auf der *„Kreuzvier"*, so die Bezeichnung des Waldweges, rollen wir bis

Ehemalige Karpfenzuchtteiche bei Grillenburg

Pöppelmannsche Weinbergkirche bei Pillnitz

Seerenteich im Tharandter Wald

Talsperre Malter

zu einem hölzernen Turm, der sich hinter dem Laub der Bäume etwas versteckt. Wir bleiben auf der Hauptspur, die schließlich in einen Asphaltweg mündet. Beschreibt dieser eine Linkskurve, halten wir uns halbrechts und rollen steil abwärts in den Breiten Grund. Gefährlich ist der teilweise mit Sand überzogene Asphalt, der später in eine Schotterpiste übergeht.

Das kegelförmige Gebilde am Rande der **„Vergnügten Gesellschaft"**, wie der Platz wegen einstiger Feierlichkeiten von Studenten, Professoren und Bürgerschaft genannt wird, ist ein Meiler und dient der Holzkohleherstellung. Ein solcher Meiler wandelt 40 Festmeter Laub- und Nadelholz in 4 Tonnen Holzkohle um, der Brenn- und Schwelvorgang dauert rund eine Woche. Holzkohle nutzte man für Prozesse, bei denen große Hitze ohne störende Rauch- und Flammenbildung benötigt wurde. Erst als man die Steinkohle zu nutzen begann, verschwanden die im ganzen Erzgebirge verbreiteten Köhlereien. Das gefährliche und mühsame Gewerbe starb aus.

Der Weg durch den Breiten Grund endet im Tal der Wilden Weißeritz. Auf uns bereits bekannter Strecke rollen wir talabwärts zurück nach Tharandt.

Tour 8

Vom Tharandter Wald nach Meißen

Tharandt (S) – Hartha – Herzogswalde – Triebischtal – Munzig – Garsebach – Meißen (S)

Wie die Dresdner Heide gehört der Tharandter Wald zu den beliebten Erholungsgebieten der Sächsischen Landeshauptstadt. Nur 15 km südwestlich von Dresden gelegen, haben die Hauptstädter schnell diesen Flecken erreicht, der als der schönste sächsische Wald gilt. Das satte Grün einer Mischwaldkultur überzieht eine stark gegliederte Berglandschaft. Hier entspringt die Triebisch, der größte Wasserlauf dieses Gebietes. Entlang seiner Ufer wurden mehrere idyllische Flecken in den Status eines Landschafts- oder Naturschutzgebietes erhoben. Im Meißener Gebiet ist durch die Industrialisierung das Triebischtal weniger erbaulich, dafür entschädigen die Sehenswürdigkeiten dieser kulturreichen 1000jährigen Stadt.

Start: Bahnhof Tharandt (S-Bahn)

Ziel: Bahnhof Meißen bzw. Bahnhof Meißen-Triebischtal (S-Bahn)

Streckenlänge: 38 km

Steigungen: Zwei größere Anstiege (Tharandt – Hartha ca. 150 m; bei Groitzsch ca. 50 m) und einige Hügel im ersten Teil der Tour

Wegebeschaffenheit: am Anfang überwiegend asphaltierte Nebenstraßen, ein Stück Naturpiste, zum Schluß Straße mit Belag unterschiedlicher Qualität

Verknüpfungen: Tour 9 Meißen–Riesa–Meißen

Sehenswertes: Schloßruine Tharandt, Forstbotanischer Garten und Heinrich-Cotta-Grab bei Tharandt, Meißen mit seiner historischen Altstadt, dem Dom, der Albrechtsburg sowie dem Stadt- und Porzellanmuseum

Karten: Topographische Karten des Landesvermessungsamtes Sachsen: L 4946 Meißen mit Rad- und Wanderwegen 1 : 50 000; Dresden und Umgebung mit Rad- und Wanderwegen 1 : 50 000; ADFC-Radtourenkarte Lausitz/Östliches Erzgebirge, Blatt 14, 1 : 150 000, Bielefelder Verlagsanstalt

Informationen:
*Fremdenverkehrsamt Kurort Hartha
*Tourist-Information Meißen
*Fremdenverkehrsverband „Sächsischer Forst – Tharandter Wald"

Am **Tharandter** Bahnhof biegen wir nach links auf die *Hauptstraße* ein, die uns ins Zentrum des Ortes führt.

Auf einem weit vorgeschobenen Felsriegel thront hoch über dem Tal der Wilden Weißeritz die **Bergkirche zum Heiligen Kreuz**, die jedem Besucher sofort ins Auge fällt. Sie wurde um 1626 auf die Bergspitze verbannt, weil die verheerenden Hochfluten des Schloizenbaches die im Tal befindlichen Bauwerke arg in Mitleidenschaft zogen. Hinter der Kirche sind die Mauerreste der einstigen Burg noch gut zu erkennen. Hier wird die Geschichte Tharandts ihren Ausgang genommen haben, von der uns nur wenig überliefert ist. Eine Urkunde aus dem Jahr 1216 erwähnt die Feste zum ersten Mal. Als Hochzeitsgut der böhmischen Königstochter Zedena kommt die Feste 1464 wieder in sächsische Hand, nachdem sie 1459 böhmisches Lehen geworden war. In der Folgezeit wurde die eher bescheidene Burg durch einen repräsentativen Bau ersetzt. Doch schon um 1510 beginnt der Verfall. Als Kurfürst August schließlich 1550 das Amt in die neu erbaute Grillenburg verlegt, ist es um die Feste geschehen. Nur Teile der starken Schildmauern sind auf uns gekommen.

Zu Füßen des Burgberges entwickelte sich die Stadt. An einigen Gebäuden kann man schöne Details wie Wappen und Handwerkszeichen finden. Auch eine Gedenktafel ist darunter. Sie erinnert daran, daß Schiller 1787 hier an seinem „Don Carlos" arbeitete. In den Grünanlagen vor dem Deutschen Haus steht

* Adressen und Telefonnummern im Anhang

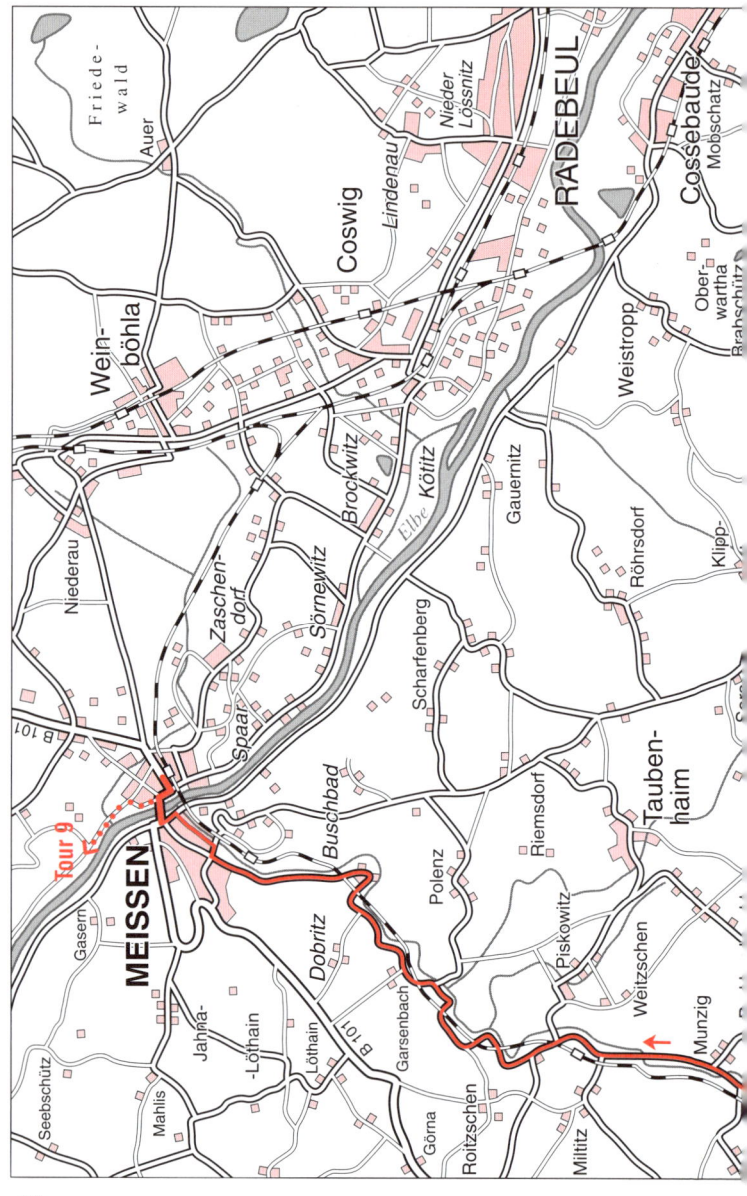

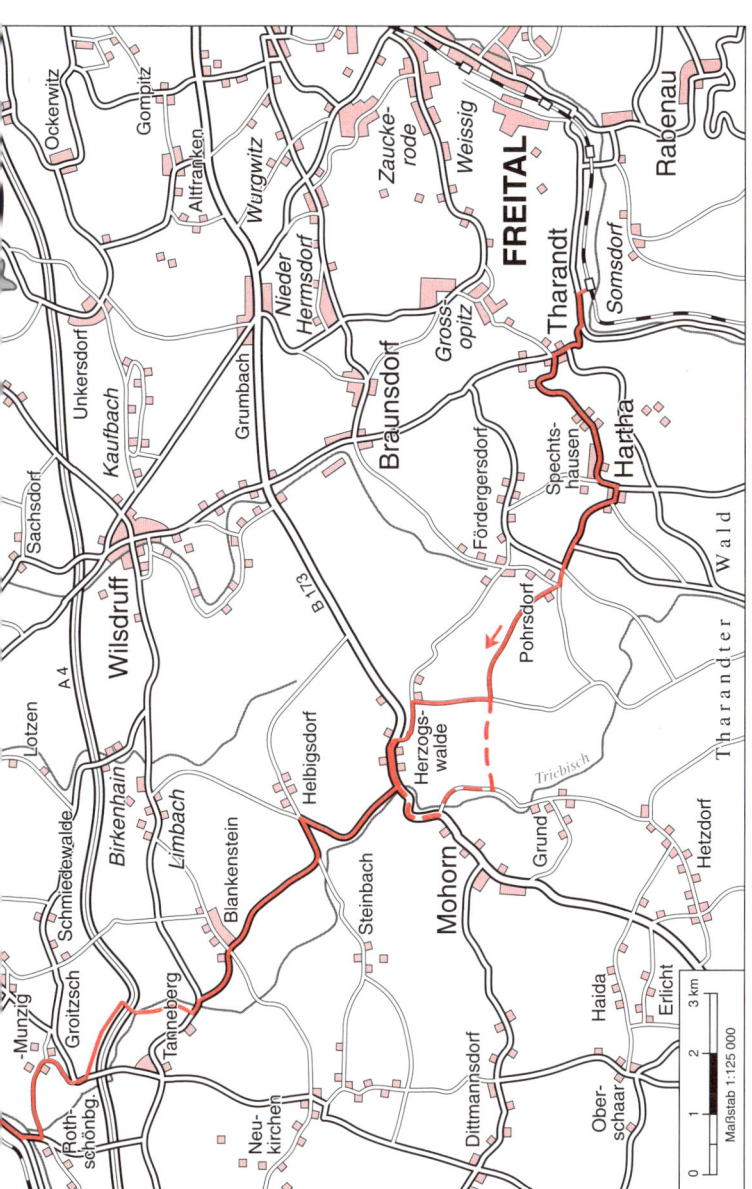

FREITAL

Tharandt

Somsdorf

Rabenau

Hartha

Spechts-
hausen

Tharandter Wald

Pohrsdorf

Fördergersdorf

Grund

Hetzdorf

Erlicht

Haida

Ober-
schaar

Dittmannsdorf

Mohorn

Herzogs-
walde

Triebisch

Steinbach

Neu-
kirchen

Helbigsdorf

Blankenstein

Limbach

Birkenhain

Tanneberg

Groitzsch

Roth-
schönbg.

-Munzig

Lotzen

Schmiedewalde

Wilsdruff

A 4

B 173

Sachsdorf

Kaufbach

Unkersdorf

Grumbach

Braunsdorf

Gross-
opitz

Nieder
Hermsdorf

Wurgwitz

Altfranken

Zaucke-
rode

Weissig

Ockerwitz

Gompitz

Maßstab 1:125 000

0 1 2 3 km

95

eine der berühmten sächsischen Postdistanzsäulen aus dem Jahr 1730, die 1964 völlig erneuert wurde. Als man zu Beginn des 19. Jahrhunderts die Sächsische Schweiz neu entdeckte, zog auch die Schönheit der Landschaft um den Tharandter Wald Besucher an. Ab 1792 machte der Bader und Chirurgus Butter mit Trinkkuren auf Tharandt aufmerksam und legte den Grundstock für einen bescheidenen Bade- und Kurbetrieb. Der Ruf als Badeort ging aber durch die Konkurrenz böhmischer und schlesischer Bäder schnell zurück. Während die Eröffnung der Eisenbahnlinie den Ausflugsverkehr in der Sächsischen Schweiz beflügelte, wurde hier das Gegenteil erreicht. Der Rauch der Lokomotiven staute sich in den engen Tälern, so daß alle Besucher der verqualmten Stadt schnell den Rücken kehrten.

In **Tharandt** orientieren wir uns an der Wegweisung **Hartha**. Dazu verlassen wir geradeaus fahrend die links abbiegende *Hauptstraße*, ehe wir ebenfalls nach links abbiegend dem Tal des Schloizenbaches den Rücken kehren. In der tief eingeschnittenen Schlucht des Todbaches gewinnen wir auf der steil ansteigenden Straße an Höhe.

Beiderseits der Straße kann man hier die Gesteine des Altpaläozoikums studieren. An der großen Schleife des Todbaches hat man Kalkstein gewonnen, der an Ort und Stelle gebrannt wurde.

Im Ortszentrum Harthas ist der steilste Abschnitt geschafft. Wir halten uns entsprechend der Ausschilderung **Pohrsdorf** rechts und biegen mit der Hauptstraße wiederum nach rechts in die Straße *„Am Harthenberg"* ein.

Der heutige Kurort Hartha entstand 1927 aus dem Zusammenschluß von Hintergersdorf und Hartha. Sechs Jahre später konnte sich die Gemeinde mit dem Titel Kurort schmücken. Vor allem Sommerfrischler besuchen den Ort mit seinem reizmilden Klima.

Noch sind einige Höhenmeter zu bezwingen, ehe wir am Ortsausgang den höchsten Punkt erreichen. Eine schmale Straße schlängelt sich durch die Landschaft. Wir passieren **Spechtshausen** und fahren geradeaus weiter, wenn sich die *Pohrsdorfer Straße* nach rechts dem Tal zuwendet. Am nächsten Abzweig halten wir uns rechts und müssen wieder einen kleinen Anstieg erklimmen. Die Mühe wird mit einer phantastischen Aussicht belohnt. **Pohrsdorf** und **Fördergersdorf** liegen uns zu Füßen. Bald taucht die schmale Asphaltstraße in einen stattlichen Buchenhochwald ein, wo wir auf leicht abschüssiger Strecke an Fahrt gewinnen. Etwas abseits liegt am Waldesrand der Gasthof Landberg, wo wir verbrauchte Kalorien wieder auffrischen können. Wenige Meter später kann man das Auge weit über das Land schweifen lassen. Tief eingekerbt liegt das Triebischtal mit seinen bewaldeten Talhängen vor uns, durch das unsere weitere Reise geht. An der nächsten Wegkreuzung gibt es zwei Möglichkeiten:

1. Für Mountainbiker Abstecher zum Porphyrfächer: Links und nach 200 m nach rechts auf einen sehr holprigen und steilen Waldweg einbiegen (Markierung: roter und grüner Punkt). Um den **Porphyrfächer** zu besichtigen, ist nach ca. einem Kilometer entsprechend einem Wegweiser der Bach zu überqueren. Wenig später stehen wir vor dem Naturdenkmal Porphyrfächer.

Bei dem Naturdenkmal handelt es sich um erstarrte Quarzporphyrlava, deren Platten und Säulen eine fächerförmige Stellung eingenommen haben.

Zurück auf den Weg und weiter ins Tal, bis die Straße erreicht ist. Hier rechts. Am Ortsausgang Mohorns biegen wir nach rechts auf die *B 173*, die wir nach gut einem Kilometer nach links in Richtung **Helbigsdorf** wieder verlassen.

2. Normalroute: Rechts, in rasanter Fahrt geht es **Herzogswalde** entgegen. Linker Hand entsteht eine Golfanlage.

Zu Beginn der 90er Jahre wurde hier gebaggert und geackert, um aus ehemaligen Feldern eine 18-Lochanlage für den Saxon Golfclub aus Dresden zu errichten.

In Herzogswalde nach links auf die *B 173* einbiegen, die nach gut einem Kilometer, unmittelbar nach der Triebischbrücke, nach rechts in Richtung **Helbigsdorf** wieder verlassen wird. Satte Wiesen und schattige Haine begleiten zunächst unseren Weg, bevor Helbigsdorf erreicht ist. Im Ort biegen wir im scharfen Bogen nach links in die *Ortsstraße* ein. Nach ca. 500 m folgen wir der rechts abbiegenden *Hauptstraße*, die das Triebischtal verläßt (steil bergauf). In **Blankenstein** biegen wir an der stattlichen Dorfeiche nach links ab und folgen dem Wegweiser „Tannenberg". Die tief eingeschnittene schmale Straße bringt uns ins Tal der Triebisch zurück. Wir biegen nach links auf die Hauptstraße ein, die wir unmittelbar hinter der Triebischbrücke nach rechts wieder verlassen. Vorbei an einem Teich fahren wir zum Triebischufer und weiter auf dem parallel verlaufenden, landwirtschaftlich genutzten Wiesenweg. Wir unterqueren die Autobahn und halten uns auf dem folgenden Pfad rechts, bis wir nach wenigen Metern das kleine Bächlein überqueren können. Nun können wir auf Wiesenwegen wieder der Triebisch folgen. Am Ende des Weges nach rechts auf die Straße einbiegen.

Am Ortseingang von **Groitsch** halten wir uns links und erklimmen dem Wegweiser **Rothschönberg** folgend die vor uns liegende Höhe. Auf 12%igem Gefälle zerrinnen die mühsam erklommenen Höhenmeter unter dem Reifen. Wir überqueren zwei Brücken und biegen nach rechts auf die *Hauptstraße* ein. Auf frisch asphaltierter Piste rollen wir **Munzig** entgegen. Wir passieren den Ort und fahren, bevor die Straße wieder an das linke Triebischufer wechselt, geradeaus auf dem Rad-/Fußweg weiter. Nach ca. 1000 m überqueren wir an einer noch betriebenen Wassermühle eine schöne Gewölbebrücke, ehe die Route in der Ortschaft **Miltiz** wieder mit der Hauptstraße zusammenfällt.

Der eigentliche Ort Miltiz liegt mit seinem Zentrum einige hundert Meter bergan. Dort befindet sich auch die Kirche und der ehemalige Rittergutshof mit einem interessanten Park. Im Triebischtal befinden sich das eingemeindete **Roitzschen**. Im Ge-

biet von Miltiz findet man altpaläozoische Gesteine mit kristalli-
nen Kalken, die seit dem 18. Jahrhundert abgebaut werden.
Daran erinnert der **Heynitzstollen**, der von 1876 bis 1964 in
Betrieb war.

> Nun fahren wir auf der *Triebischtal-Straße*. Je mehr wir
> uns dem Ziel **Meißen** nähern, desto dichter wird der
> Verkehr. Aber das enge Tal läßt uns nicht mehr dem
> Fahrzeugstrom entkommen.

Linker Hand erheben sich markante Felsklippen, die als **Garsebacher Schweiz** bekannt sind. Sie bestehen wie der wenig
später ins Blickfeld tretende **Götterfelsen** aus Pechstein, einer
glasigen Masse aus Porphyrlava. Während der Pechstein am
60 m hohen Götterfelsen eine schwarze Färbung aufweist, ist
er in der Garsebacher Schweiz grün.

> In der Ortslage Meißen haben wir kaum eine andere
> Wahl, als die *Hauptstraße* zu benutzen. Auf diesem Weg
> kommen wir direkt zur **Porzellanmanufaktur**.

Als Johann Friedrich Böttger 1705 auf die Albrechtsburg zu
Meißen gebracht wird, soll er aus unedleren Stoffen Gold gewinnen. Unter Anleitung des Gelehrten Tschirnhaus ist er „neben-
bei" dem Geheimnis des Porzellans auf der Spur. So kann,
nachdem bereits 1707/08 das Geheimnis des europäischen
Porzellans im Labormaßstab gelüftet war, die Dresdner Porzellanmanufaktur zur Leipziger Ostermesse 1710 damit an die
staunende Öffentlichkeit treten. Am 6. Juni 1710 wird auf Befehl
von August dem Starken auf der Albrechtsburg eine Porzellanmanufaktur errichtet. Nun trägt das „Weiße Gold" zu Recht
seinen Namen „Meißener Porzellan". Mit dem Kennzeichen
der gekreuzten blauen Kurschwerter genießt es auch heute
noch in aller Welt einen erstklassigen Ruf. Nicht das Porzellan
an sich, sondern die außerordentliche künstlerische Gestaltung
und besondere Verarbeitung ist es, was Meißener Porzellan
auch im 20. Jahrhundert so wertvoll macht. Seit der Mitte des
vergangenen Jahrhunderts ist die Manufaktur im Triebischtal
zuhause. In der Schauhalle sind die ganzen berühmten Meißener Dekors zu sehen. Sogar alle Gipsformen der seit der Gründung gefertigten Modelle werden noch aufbewahrt.

Von der Porzellanmanufaktur lassen wir uns talabwärts durch das Gewirr der Gassen bis zur Elbe treiben. Im ufernahen Bereich umfahren wir den Burgberg und nutzen die sehr steile Anfahrt über das Lommatzscher Tor. Wer sich diese Mühe sparen will, stellt sein Fahrrad im Zentrum ab und macht sich zu Fuß auf den Weg.

Den „Grundstein" Meißens legte König Heinrich I., als er im Jahr 929 mit seinem Heer in den Slawengau Daleminzien eindrang und damit das Deutsche Herrschaftsgebiet nach Osten erweiterte. Heinrichs Sohn, Otto I., der als erster deutscher Kaiser in die Geschichte einging, veranlaßte 968 die Gründung des Bistums **Meißen**. Dom, Burg, Bischofsschloß, Burgkeller und andere Bauwerke fanden auf dem Burgberg Platz. Eng beieinander saßen einige Jahrhunderte die drei Gewalten: der Markgraf, der Bischof und der kaiserliche Burggraf. Hier oben spielte sich alles Entscheidende ab. Zu Füßen des Berges liegt die Stadt. Von hier schweift der Blick über die ineinander verschachtelten und von Gäßchen unterbrochenen roten Ziegeldächer der Altstadt. Der Weg über die Afra-Stufen führt zurück ins Zentrum. Fast unten liegen zur Rechten „Vincenz Richters Weinstuben". Seit über hundert Jahren wird hier in origineller Atmosphäre Wein ausgeschenkt. Wenige Schritte weiter ist die Frauenkirche erreicht. Seit 1929 ist hier mehrmals täglich ein Glockenspiel aus Meißener Porzellan zu hören.

Meißens Bahnhof liegt auf der anderen Seite der Elbe. Auf der großen Straßenbrücke wechseln wir ans andere Ufer und biegen nach rechts in die *Bahnhofstraße* ein. Sie führt in einen Bogen direkt zum Bahnhof.

Tour 9

Am Ufer der Elbe von Meißen nach Riesa und zurück

Meißen (S) – Kleinzadel – Nieschütz – Diesbar-Seußlitz – Merschwitz – Nünchritz – Riesa (DB) – Niederlommatzsch – Meißen (S)

Wieder eine Tour entlang der Elbe, die aber einen anderen Charakter trägt als die Abschnitte südlich von Dresden. Das Land ist im wesentlichen flach, nur im ersten Abschnitt stemmen sich noch ein paar Hügel der Elbe entgegen. Somit ist die Tour ohne besondere Schwierigkeiten und ideal für einen Familienausflug geeignet. Zwischen Diesbar-Seußlitz und Nünchritz ist man fleißig am Radwegbau. In Kürze soll alles fertig sein, auch Abschnitte, die in dieser Beschreibung noch nicht berücksichtigt werden konnten. Es gilt deshalb immer die Augen offen zu halten, ob wieder ein neues Stück des Elbradweges eingeweiht wurde.

Start und Ziel: Bahnhof Meißen (S-Bahn)

Streckenlänge: 50 km

Steigungen: keine

Wegebeschaffenheit: Nebenstraßen und Radwegabschnitte (meistens Verbundpflaster)

Sehenswertes: Schloß und Park Diesbar-Seußlitz; Meißen mit seiner historischen Altstadt, dem Dom, der Albrechtsburg und dem Stadt- und Porzellanmuseum

Karten: Topographische Karten des Landesvermessungsamtes Sachsen: L 4946 Meißen mit Rad- und Wanderwegen 1:50 000; L 4746 Großenhain, 1:50 000; L 4744 Riesa 1:50 000; ADFC-Radtourenkarte, Blatt 14, Lausitz/Östliches Erzgebirge, 1:150 000, Bielefelder Verlagsanstalt

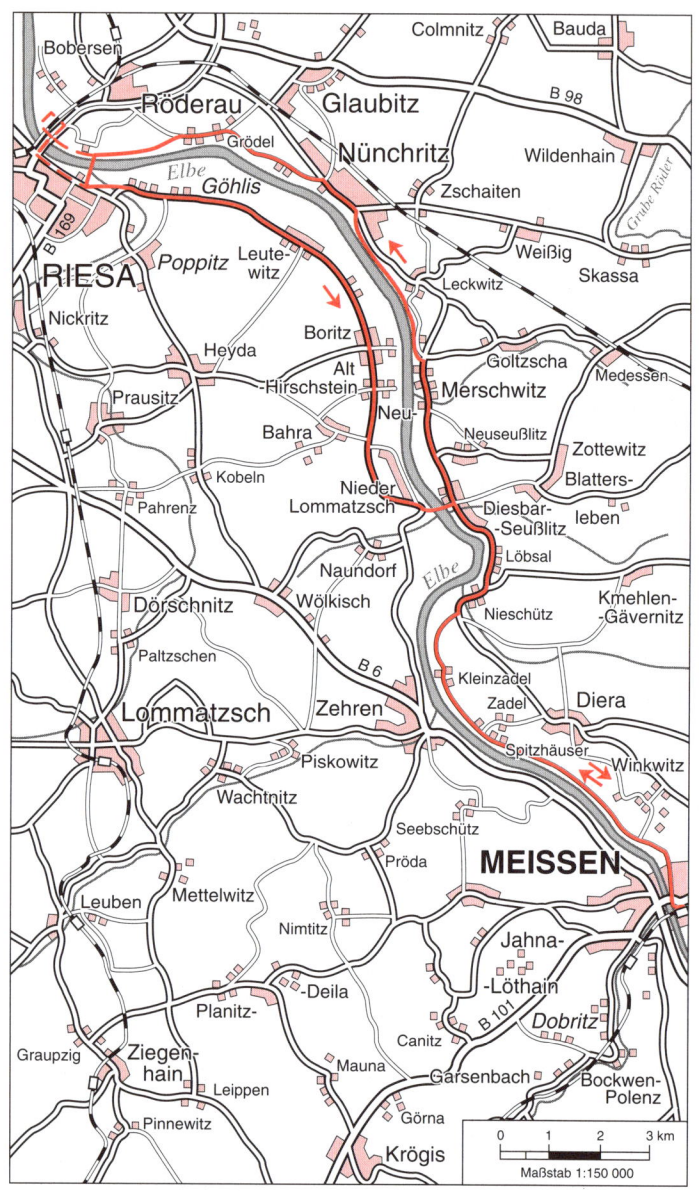

Bobersen

Colmnitz

Bauda

Röderau

Glaubitz

B 98

Grödel

Nünchritz

Wildenhain

Elbe

Göhlis

Zschaiten

Poppitz

Leute-
witz

Weißig

RIESA

Leckwitz

Skassa

Nickritz

Heyda

Boritz

Goltzscha

Medessen

Alt
-Hirschstein

Merschwitz

Prausitz

Neu-

Bahra

Neuseußlitz

Zottewitz

Kobeln

Blatters-

Nieder
Lommatzsch

Diesbar-
-Seußlitz

-leben

Pahrenz

Naundorf

Elbe

Löbsal

Dörschnitz

Wölkisch

Nieschütz

Kmehlen-
-Gävernitz

Paltzschen

B 6

Kleinzadel

Lommatzsch

Zehren

Zadel

Diera

Piskowitz

Spitzhäuser

Winkwitz

Wachtnitz

Seebschütz

Pröda

MEISSEN

Leuben

Mettelwitz

Nimtitz

Jahna-

-Deila

-Löthain

Planitz-

Canitz

B 101

Dobritz

Graupzig

Ziegen-
hain

Mauna

Gärsenbach

Bockwen-
Polenz

Leippen

Görna

Pinnewitz

Krögis

| 0 | 1 | 2 | 3 km |

Maßstab 1:150 000

Informationen:
*Fremdenverkehrsamt Diesbar-Seußlitz
*Tourist-Information Meißen

Vom Bahnhof fahren wir entlang der *Großenhainer Straße* und der *Bahnhofstraße* zur Elbbrücke und biegen vor dieser nach rechts in die einen kleinen Berg erklimmende *Zschellaer Straße* ein. Hinter dem Kreiskrankenhaus wenden wir uns links und fahren die *Niederfährer Straße* bis zu ihrem Ende, wo wir uns rechts haltend in die *Hafenstraße* begeben. Nach den letzten Häusern **Meißens** halten wir uns links. Nun radeln wir auf einer schmalen Straße, die sich parallel zum Elbufer am Fuße der Weinberge entlang windet. Diese Straße ist ein Abschnitt der „*Sächsischen Weinstraße* ".

Die Ortschaft **Karpfenschenke** erhielt ihren Namen von einem 1811 gegründeten Gasthof, der auch heute zum Verweilen einlädt.

In **Nieschütz** biegen wir nach links auf die *Hauptstraße* ein und folgen dem Wegweiser: **Löbsal/Riesa**, nach links.

Hier drängt sich die Elbe zwischen Felsmassiven hindurch. Links des Flusses sieht man den Göhrischberg, der in grauer Vorzeit eine jüngstbronzezeitliche Wallanlage trug. Rechts das Granitmassiv von **Diesbar-Seußlitz**, auf dessen Plateau die größte urgeschichtliche Befestigungsanlage Sachsens entdeckt wurde.

In Diesbar-Seußlitz erwartet uns Kopfsteinpflaster.

Diesbar-Seußlitz war schon immer einer der klimatisch bevorzugten Orte der Region. Heute befindet sich hier das nördlichste Weinbaugebiet der Elbe. Schon seit dem 13. Jahrhundert wachsen an diesen Elbhängen die Reben. Daneben die markanten Felswände der Steinbrüche. Sie künden von der hohen Wertschätzung des Granits, der bis 1965 hier gebrochen wurde.

* Adressen und Telefonnummern im Anhang

Ansonsten Weinberge, wohin auch das Auge blickt. Zu Recht werden die Ortschaften hier Weindörfer genannt.

An Stelle des heutigen **Barockschlosses** stand um 1150 eine Raubritterburg eines von Suselitz, die durch den Markgrafen von Meißen zerstört wurde. Auf den Resten der Burg ließ er sich ein Sommerschloß bauen, das ab 1271 als Klarissinnen-Nonnenkloster genutzt wurde. Nach der Säkularisierung wurde das heutige Barockschloß nach Plänen von Georg Bähr, dem Schöpfer der Dresdner Frauenkirche, errichtet. Das Schloß wird heute als Feierabendheim genutzt. Das kleine barocke Gartenhaus auf dem Weinberg nennt man Heinrichsburg, das Winzerhäuschen gegenüber Luisenburg. Die Namen sind den Kindern des ersten Schloßbesitzers entliehen. Sehenswert ist auch der am Fuße der Weinberge liegende Park. Nach den strengen Maßstäben des Barock geordnet, steht eine Vielzahl rebengeschmückter Sandsteinplastiken entlang der Wege und Hecken. Im hinteren Teil geht der Garten dann in eine englische Anlage mit einem romantischen Schwanenteich und alten Bäumen über. Die alte Klosterkirche befindet sich im südlichen Schloßflügel.

In **Merschwitz** biegen wir an der Stelle nach links ab, an der rechts Goltzscha ausgeschildert ist. Das Sackgassenschild können wir getrost ignorieren. Die Straße führt in einen Linksbogen zum Ufer der Elbe, wo ein Stück des neuen Radweges beginnt. Leider sind die Arbeiten noch nicht bis Nünchritz vorgedrungen, so daß das letzte Stück des *Uferweges*, bevor wir am Chemiewerk Nünchritz wieder auf die Straße wechseln, sich in einem sehr naturnahen Zustand befindet. (Alternative: In Leckwitz bereits auf die Straße wechseln.)

In Merschwitz hatten viele Bomätscher (Schiffszieher) ihren Sitz. Sie mußten Lastkähne und Segelschiffe gegen die Strömung ziehen. Mit dem Einsatz der Kettenschlepper ging dieses Gewerbe nieder. Leider sind die Treidelpfade bisher nur in geringem Maße zu Radwegen ausgebaut.

Kurz bevor wir **Nünchritz** erreichen, weisen Fundamente auf den ehemaligen Industriehafen hin. Hier wurde Schwefelkies für das Chemiewerk Nünchritz angelandet, den man mit einer inzwischen demontierten Kranbahn ins Werk transportierte. Dort wurde daraus Schwefelsäure produziert.

Wir durchqueren fast die gesamte Ortschaft und biegen hinter dem großen Möbelmarkt von der *Hauptstraße* nach links in Richtung **Grödel** ab. Am Ortsausgang von Grödel beginnt auf dem Elbdeich wieder ein Radweg, der mit einer Unterbrechung in **Promnitz** bis nach **Riesa** führt.

Im Ort **Grödel** steht auf der linken Seite die erste Mühle. Bar ihrer Flügel dient sie jetzt als Wohnhaus. Am Ortsausgang von **Möritz** steht rechts der Straße eine weitere Windmühle. Bis in die fünfziger Jahre wurde hier für die Bäcker der Umgebung gemahlen. Zwar sind die Flügel längst verwittert, aber sonst ist alles noch intakt.

Um uns die Ortsdurchfahrt von Riesa zu ersparen, wechseln wir in **Promnitz** mit der Personenfähre ans andere Elbufer.

Alternative: Will man die Tour in **Riesa** beenden, fährt man auf dem Radweg unter der Elbbrücke hindurch und gleich danach scharf rechts. Eine steile Rampe verbindet hier den Uferradweg mit dem an der Bundesstraße. Zum Hauptbahnhof halten wir uns nach der Elbüberquerung an der zweiten Ampelkreuzung rechts.

Das interessanteste Riesaer Gebäude ist das im 12. Jahrhundert gegründete Benediktinerkloster, dessen Bausubstanz später in das Schloß und schließlich in das Rathaus überging. Seit 1843 wurde die Entwicklung der Stadt durch die ortsansässigen Stahlwerke bestimmt. Zur Blütezeit waren um die 13 000 (!) Arbeitskräfte dort beschäftigt. Mit der Wende waren die Tage des Stahlstandortes Riesa gezählt. Im Rahmen einer sogenannten Einzelprivatisierung wurden viele kleine Firmen auf dem Stahlwerksgelände angesiedelt.

Von der Fähranlegestelle fahren wir entlang des Uferweges durch den Park stromaufwärts. Am Ende des Parkes biegen wir nach rechts zum Schwimmbad ab, dann links.

Nach gut 100 m münden wir geradeaus fahrend auf die *Hauptstraße* ein. Vorbei am Flugplatz **Riesa-Göhlis** fahren wir durch eine Feld- und Wiesenlandschaft. Am anderen Ufer erblicken wir wieder die Destillationskolonnen des Chemiewerkes Nünchritz. Die Ortschaften **Leutewitz** und **Schänitz** passieren wir auf geradem Weg. Dann fahren wir durch **Boritz**. Hinter **Althirschstein** ist eine Anhöhe zu erklimmen.

Linker Hand sehen wir etwas abseits das Schloß **Neuhirschstein**. Bereits 1205 wird die auf dem 25 m hohen Fels weithin sichtbare Burg erwähnt. Am Ende des 15. Jahrhunderts wich die Burg einem Renaissanceschloß, das mit dem Umbau von 1892 seine heutige Gestalt erhielt. 1945 wurde das Rittergut Neuhirschstein enteignet. Danach wurde im Schloß ein Kindersanatorium untergebracht. Sehenswert ist auch der Park, der sich nördlich an das Schloß anschließt. Hier gibt es nicht nur eine Vielzahl stattlicher Bäume, sondern auch ein Gasthaus und einen Spielplatz.

Kurz vor **Niederlommatzsch** erblicken wir am anderen Ufer schon wieder die Rebhänge von Diesbar-Seußlitz. Hier steuern wir unsere Räder ans Ufer der Elbe und lassen uns mit der neuen Personenfähre ans andere Ufer bringen. Zurück nach Meißen benutzen wir die gleiche Route wie auf dem Hinweg.

Wer jetzt noch Zeit und Lust hat, kann eine Besichtigung des 1000jährigen Meißen anschließen. Als Leitfaden für die Erkundung kann die Beschreibung im entsprechenden Abschnitt der Tour 8 dienen.

Bergpalais Schloß Pillnitz

Ehemalige Steinbrüche von Pirna-Posta

Blick vom Tharandter Wald auf Pohrsdorf

Tour 10

Vom Barockgarten Großseedlitz durch das osterzgebirgische Vorland

Heidenau (S) – Großseedlitz (S) – Dohna (S) – Gorknitz – Röhrsdorf – Maxen – Hausdorf – Reinhardtsgrimma – Hirschbach – Reinberg – Karsdorf – Dippoldiswalder Heide – Talsperre Malter – Seifersdorf – Spechtritz – Rabenau – Rabenauer Grund – Freital-Hainsberg (S)

Kulturelle Höhepunkte sind der Barockgarten in Großseedlitz sowie Schloß und Park in Reinhardtsgrimma. Aber auch die Natur kommt nicht zu kurz bei der Fahrt durch das osterzgebirgische Vorland. Besonderes Erlebnis ist die Talfahrt von der Talsperre Malter durch den Rabenauer Grund bis nach Freital.

Start: Haltepunkt Heidenau-Großseedlitz (S-Bahn)

Ziel: Haltepunkt Freital-Hainsberg-West (S-Bahn)

Streckenlänge: 45 km

Steigungen: Haltepunkt Großseedlitz – Barockgarten (ca. 95 m), Dohna/Müglitztal – Maxen/Finckenfang (insgesamt ca. 260 m)

Wegebeschaffenheit: unbefestigte und befestigte Wald- und Feldwege, Nebenstraßen mit wenig Kfz-Verkehr

Verknüpfungen: Tour 7 Rundfahrt Tharandter Wald
Tour 8 Tharandt-Meißen
(Bemerkung: von Freital-Hainsberg nach Tharandt ca. 4 km)

Sehenswertes: Barockgarten Großseedlitz, Schloß und Park Reinhardtsgrimma, Dippoldiswalder Heide mit Wolfssäule und Einsiedlerstein, Talsperre Malter, Rabenauer Grund, Schmalspurbahn Freital-Kipsdorf

Karten: Topographische Karten des Landesvermessungsamtes Sachsen: Dresden und Umgebung mit Rad- und Wanderwegen 1:50 000; ADFC-Radtourenkarte Lausitz/Östliches Erzgebirge, Blatt 14, 1:150 000, Bielefelder Verlagsanstalt

Informationen:
*Fremdenverkehrsgemeinschaft Östliches Erzgebirge
*Fremdenverkehrsbüro der Stadt Pirna
*Fremdenverkehrsverband „Sächsischer Forst – Tharandter Wald"

> Oberhalb des Haltepunktes verläuft die stark frequentierte B 172 Dresden–Bad Schandau, zu der wir hinauf radeln oder schieben.

Im hier gelegenen Niederhof befand sich eine Brauerei, die einen eigenen Böttcher hatte. Seine Werkstatt nannte man Püchschuppen. Daraus leitete sich die Bezeichnung **„Pechhütte"** ab. Der Name ging auf die angegliederte Schankstube über. Das oberschlächtige Wasserrad erinnert an die Sarische Mühle aus dem 15./16. Jahrhundert.

> Wir kreuzen die *Bundesstraße* und müssen uns für den „Aufstieg" zum Barockgarten für eine der folgenden Varianten entscheiden: Wer bei steilerem Anstieg ohnehin schiebt, sollte den ausgeschilderten Fußweg benutzen. Die angegebenen 20 Minuten Fußmarsch sind leicht zu unterbieten. Die „Bergsteiger" unter den Radlern fahren die steile Pechhüttenstraße aufwärts und biegen dann links in die Parkstraße ein.

Auch Minister konnten es sich leisten, Schloß und Lustgarten für sich bauen zu lassen. Graf Wackerbarth, bekanntes Mitglied des Kabinetts von August dem Starken, tat ein solches 1719. Doch sein Landesherr mißbilligte dies und nahm ihm vier Jahre später die heute bedeutsamste französische Gartenanlage Sachsens wieder ab, ehe sie vollendet wurde. Dies wollte August nach eigenen Vorstellungen tun, doch fehlte ihm das dafür notwendige „Kleingeld". Das heutige Aussehen erhielt die vor-

---

* Adressen und Telefonnummern im Anhang

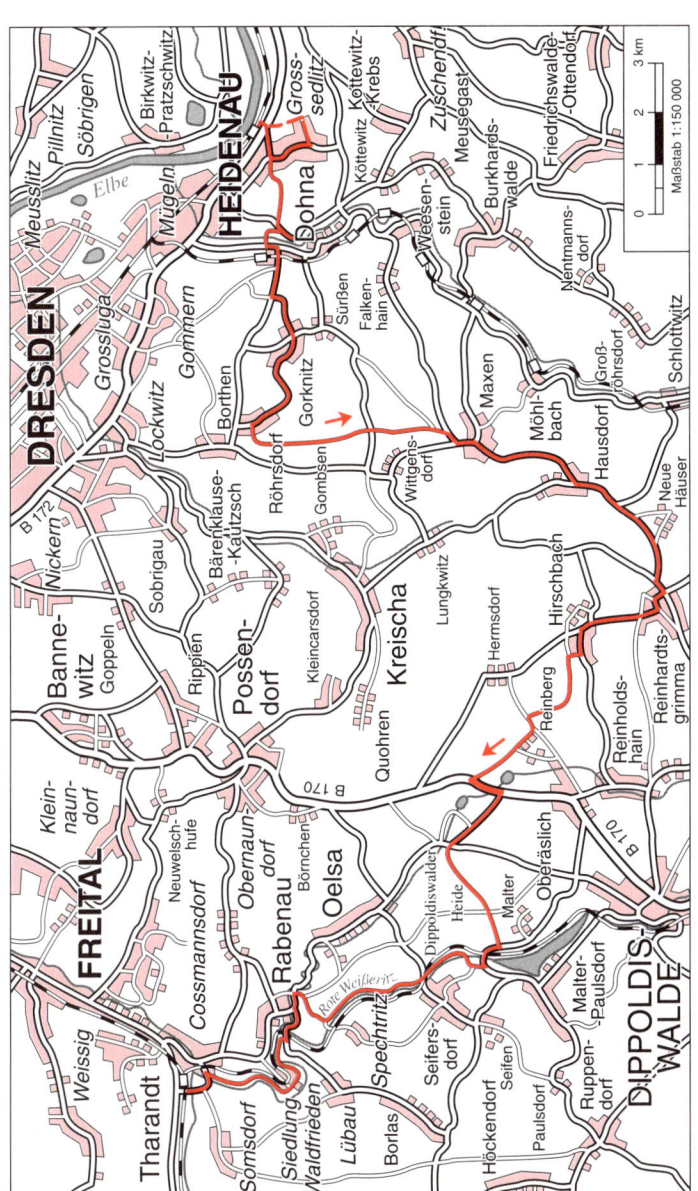

Maßstab 1:150 000

0 1 2 3 km

DRESDEN

HEIDENAU

FREITAL

DIPPOLDIS-WALDE

Elbe

Meusslitz
Pillnitz
Söbrigen
Birkwitz-Pratzschwitz
Gross-sedlitz
Köttewitz Köttewitz-Krebs
Zuschendf.
Friedrichswalde-Ottendorf

B 172
Nickern
Grossluga
Gommern
Mügeln
Dohna
Weesen-stein
Burkhards-walde
Meusegast
Nentmanns-dorf

Lockwitz
Borthen
Surßen
Falken-hain
Schlottwitz
Groß-Röhrsdorf
Neue Häuser
Hausdorf
Möhl-bach
Maxen

Bärenklause-Kautzsch
Sobrigau
Röhrsdorf
Gorknitz
Gombsen
Wittgens-dorf

Banne-witz
Goppeln
Rippien
Kleincarsdorf
Lungkwitz
Kreischa
Hirschbach
Reinhardts-grimma

Klein-naun-dorf
Neuwelsch-hufe
Possen-dorf
Quohren
Hermsdorf
Reinberg
Reinholds-hain
B 170

Cossmannsdorf
Obernau dorf
Rabenau
Oelsa
Börnchen
B 170
Dippoldiswalder Heide
Malter
Oberäslich
B 170

Weissig
Weißeritz
Siedlung Waldfrieden
Spechtritz
Seifers-dorf
Seifen
Höckendorf
Paulsdorf
Ruppen-dorf
Malter-Paulsdorf

Tharandt
Somsdorf
Lübau
Borlas

111

wiegend symmetrische Gartenanlage zwischen 1723 und 1727 nach Plänen von Pöppelmann. Vom Parkplatz aus betritt man über den Haupteingang den Barockgarten und schaut auf die Rasenparterre und rechter Hand auf die Gebäude der oberen Orangerie. Schreitet man die Treppe herunter und wendet sich nach rechts, hat man von der großen Freitreppe den besten Überblick. Die Kaskaden in der hinteren Mitte des Gartens vervollständigten früher die Wasserspiele. Hinter dem Eisbassin, es ist heute mit Rasen bedeckt, stehen Figuren der Sagenwelt der Götter: Bacchus und Ariadne, Amor und Psyche ... Weiter oben, hinter den Kaskaden, stehen Skulpturen, die Erdteile symbolisieren sollen. All diese ca. 50 Figuren sind die Reste von insgesamt 400, die verstümmelt oder verschleppt wurden, als 1756 Friedrich II. hier sein Hauptquartier aufschlug. Auch die prächtigen Wasserkünste wurden damals zerstört.

Auf der *Straße vor dem Barockgarten* links bis zur *Parkstraße* und rechts ab bis zur *Pechhüttenstraße*. In diese biegt die *Hauptstraße* rechts ab, wir fahren aber links und verlassen über die *Pechhüttenstraße* Heidenau. Eine erste Abfahrt bringt uns nach **Dohna** hinunter. Am Stoppschild am Friedhof halblinks und bis zum Markt. Zur Burg auf der Straße unterhalb der Kirche weiterfahren.

Die **Stadtkirche St. Marien** wurde 1489 als dreischiffige, spätgotische Hallenkirche erbaut und 1833-41 unter Gottfried Sempers Leitung rekonstruiert. Sehenswert der geschnitzte Flügelaltar mit Mariendarstellung aus dem Jahre 1518 sowie die Kreuzrippen- und Sterngewölbe.

Auf dem Burgberg thront die **Burgruine Dohna**. Sie wurde im 10. Jahrhundert auf einem Bergsporn zum Schutz der Paßstraße über das östliche Erzgebirge vorerst als Wallanlage errichtet und später als Reichsgrafenburg ausgebaut. Wegen der Grenzlage zwischen Böhmen und Meißen gelang es den Burggrafen durch geschicktes Lavieren eine gewisse Unabhängigkeit zu erhalten. Im Jahre 1285 brach zwischen den Dohnaern und einer gewissen Familie Körbitz eine Blutfehde aus. Da dieser Streit zum Raubrittertum ausartete, mischte sich der Markgraf von Meißen unter Ausnutzung einer unentschlossenen Haltung des böhmischen Königs ein und annektierte 1402 schließlich das Gebiet.

Dabei wurde die Burg zerstört. Da um 1460 der Amtssitz nach Pirna verlegt wurde, bestand an einem Neuaufbau kein Interesse, das Bauwerk zerfiel. Der Rundturm ist das Ergebnis eines Versuches um 1800, die Burg wieder aufzubauen.

Auf dem Marktplatz steht eine **Postdistanzsäule**, eine von einst Tausend Viertel-, Halb-, Ganzmeilen- oder Distanzsäulen, die in der Zeit August des Starken in Sachsen aufgestellt wurden. Er ließ sein Land für damalige Verhältnisse recht genau vermessen. Die heute noch existierenden 176 Postmeilensäulen stehen unter Denkmalschutz. Die anderen sind verschollen, weil unsere Urgroßväter ihren historischen Wert mißachteten und die überflüssig gewordenen Steine beseitigt und manchmal noch zweckmäßig verwendet, beispielsweise mit eingemauert haben. Die mit kursächsischen und polnischen Wappen geschmückten Säulen sind an allen vier Seiten mit langen Listen von Städtenamen und einer zugehörigen Stundenzahl beschriftet. Die Angaben lassen den unkundigen Betrachter zunächst ins Grübeln kommen. Sind die Angaben für Wanderer gedacht und nicht für Postkutschen? Eine Stunde ist ein altes Entfernungsmaß und entspricht einer halben sächsischen Meile, was wiederum einer Distanz von 4,531 Kilometer entspricht. Dafür braucht natürlich auch die Postkutsche keine Stunde.

> Vom Markt aus wenige Meter zurückfahren. Noch vor dem „Stadtkrug" links ab und über die *Dresdner Straße* ins Müglitztal.

Friedlich liegt es da (vom hohen Verkehrsaufkommen abgesehen), das **Müglitztal**. Doch jedesmal, wenn in seinem Einzugsgebiet besonders starke Regenfälle niedergingen, kam es zur Hochwasserkatastrophe. Zwischen 1609 und 1958 wurde das Tal von 17 schweren Überschwemmungen heimgesucht. Die folgenschwerste war 1927: 35 Menschen fanden den Tod. Auch die Müglitzbahn, 1890 als Schmalspurbahn von Heidenau bis Altenberg erbaut, wurde in Mitleidenschaft gezogen. 20 km Bahnstrecke wurden völlig zerstört. Bei Glashütte wurde ein Zug ins Bett der Müglitz gespült und stürzte um. Beim Neuaufbau stieg man auf Normalspur um. Dabei mußten in dem windungsreichen, teilweise engen Tal 38 Brücken und fünf Tunnel gebaut werden.

Nach Überqueren der Müglitz die *Hauptstraße* talaufwärts
fahren. Nach wenigen Metern rechts ab in Richtung Gorknitz. Mit Erreichen der Talsohle sind die anfangs hart
erkämpften Höhenmeter wieder aufgebraucht, der Kampf
beginnt neu. Bis Gorknitz und weiter nach Röhrsdorf
fahren wir über wenig frequentierte Nebenstraßen und
richten uns nach den Wegweisern.

Der Ort **Gorknitz** wurde einst von den Sorben als Korkonosy
gegründet. Dieser Name stammt aus dem altsorbischen und
bedeutet „Krummnasen". Rund um den Ort dehnen sich die
Obstplantagen. Wir befinden uns hier in einem großen Obstan-
baugebiet südwestlich von Dresden, dessen Zentrum Borthen
ist.

Das kleine **Röhrsdorf** mit nur 250 Einwohnern hat drei erwäh-
nenswerte bauliche Anlagen. Der alte Schloßbau wurde Ende
des 16. Jahrhunderts errichtet und nach einem Brand 1890 als
Herrenhaus in nachklassizistischer Form wieder aufgebaut. Die
barocke Kirche aus dem Jahre 1749 hat eine Glocke, deren
Entstehungsjahr mit 1507 angegeben wird. Der Röhrsdorfer
Grund wurde 1771 vom Gutsherrn Carlowitz in eine Parkanlage
mit Teichen, Steinbänken, Tempeln, Figuren und verschlunge-
nen Pfaden umgewandelt. Heute sind hiervon nur klägliche
Reste des „Tales der Freundschaft" als Zeugnis einer sentimen-
tal-verspielten Zeit vorhanden.

Die *Hauptstraße* schlängelt sich durch den Ort und beschreibt am ehemaligen Schloß eine Rechtskurve. Wir
fahren hier geradeaus weiter und überqueren die Senke
des Rietzschkebaches. Nun müssen wieder Höhenmeter
bewältigt werden. Über den Höhenzug zwischen Müglitztal zur Rechten und dem Lockwitzgrund zur Linken führt
die *Landstraße zwischen Dohna und Kreischa*. Sobald
wir diese überquert haben, fahren wir auf unbefestigtem
Feldweg bis nach **Maxen**. Am Ende des steilen Anstieges
nach dem Ortsausgang von Maxen haben wir nicht nur
den geographischen Höhepunkt unserer Tour, sondern
auch historischen Boden erreicht.

Im Siebenjährigen Krieg tobte hier am 20. und 21. 11. 1759 die

Schlacht bei Maxen. Der preußische Generalleutnant von Finck mußte sich mit seinen 15 000 Soldaten dem österreichischen Feldmarschall Graf Daun ergeben. Dieses historische Ereignis ging als „**Finckenfang** von Maxen" in die Geschichtsbücher ein. Danach wurde auch das Gasthaus auf der Anhöhe südwestlich von Maxen benannt. Hier hatte die schicksalsträchtige Schlacht begonnen.

Haben wir **Hausdorf** passiert, kommen wir zu den in der Reinhardtsgrimmaer Heide liegenden Buschhäusern.

Die beiden **Buschhäuser** wurden 1810 bis 1811 von Friedrich Thormeyer im klassizistischen Stil erbaut. Bei der Entwicklung der deutschen Turnbewegung sollen sie eine wichtige Rolle gespielt haben: in der Nähe wurde 1861 der erste deutsche Zentralturnplatz errichtet.

Eine Abfahrt bringt uns nach **Reinhardtsgrimma** hinunter. Kurz nach dem Erbgericht rechts ab in Richtung Hirschbach.

Das Ortszentrum mit Schloß, Park, Kirche, Erbgericht und Gutshof steht unter Denkmalschutz. Das **Barockschloß** errichtete 1767 der Baumeister Knöbel auf den Ruinen einer Burg aus dem 13. Jahrhundert. Im Obergeschoß befindet sich der mit vier großen Landschaftsgemälden ausgestattete Festsaal. Ein anderer Raum ist mit Delfter Kacheln geschmückt. Es schließt sich ein englischer Landschaftspark an, der zur Pause verlockt. Von einer der Bänke inmitten alter Bäume kann man dabei in Ruhe das klassizistische Badehaus hinter dem Teich betrachten.

Am Ortsausgang steht rechter Hand ein **spätgotischer Kirchenbau**. Es ist eine der größten und ältesten Kirchen der weiteren Umgebung. 1742 wurde der mit Kunstwerken reich ausgestattete Bau erneuert. Das Interessante in ihr: Eine Silbermannorgel von 1730 sowie ein 1601 gestifteter Sandsteinaltaraufsatz. Der Friedhof weist zahlreiche bemerkenswerte Gräber auf. Der relative Reichtum des Ortes beruht auf einer frühen und vielfältigen gewerblichen Tätigkeit der Einwohner als Schneider, Schuhmacher, Zimmermann, Maurer oder Schmied. Vom 16. bis 18.

Jahrhundert versuchte man sich im Abbau von Eisenerz, jedoch mit mäßigem Erfolg.

Aufsehen erregte ein **Brakteatenfund** in Reinhardtsgrimma. Brakteaten sind Hohl- oder Schüsselmünzen, deren Gebrauch im Mittelalter üblich war. 2300 solcher einseitig geprägten Silbermünzen, sie waren auch in Mitteldeutschland und im Bodenseegebiet im Umlauf, fand man in Reinhardtsgrimma. Sie stammen aus der Zeit Heinrichs des Erlauchten 1230-1288. Für die damalige Zeit stellte ein solcher Betrag in einer Hand einen enormen Reichtum dar. Der Gegenwert zu diesen Münzen betrug immerhin 500 Kühe. Die sich unter den Brakteaten befindlichen böhmischen Münzen weisen auf den damals bereits florierenden Handel mit Böhmen über den Erzgebirgskamm hin.

In **Hirschbach** fahren wir die Dorfstraße bis zum Ortsausgang aufwärts und biegen rechts ab. Vor den Häusern am Rande der Hirschbachheide links und wir verlassen mehr oder weniger parallel zum Waldrand die Gemeinde.

Am Südrand der Hirschbachheide bilden die **Waldwiesen** das Quellgebiet des Hirschbaches, der nach einem kurzen Lauf oberhalb der Hirschbachmühle in den Lockwitzbach mündet. Das Gelände liegt an der Grenze zwischen Gneis und Sandstein. Ein hoher toniger Anteil macht den Boden schwer wasserdurchlässig, was zu einer hohen Durchfeuchtung der Oberfläche führt. Trotz Melioration kann das betreffende Gebiet landwirtschaftlich vorwiegend nur als Dauergrünland genutzt werden.

Geht es am Rande des Naturschutzgebietes „Dippoldiswalder Heide und Willisch" geradeaus nicht mehr weiter, halten wir uns links. Nach knapp 300 m biegen wir rechts ab. Wir tangieren **Reinberg**, ein kleiner Ortsteil von Oberhäslich. Haben wir die wenigen Häuser hinter uns gelassen, kommt linker Hand der Hafterteich ins Blickfeld. Auf der schmalen Asphaltstraße rollen wir bis zur *Europa- und Bundesstraße Dresden-Prag* vor und in diese links hinein. Nach einem knappen Kilometer können wir die stark frequentierte Transitstrecke nach rechts wieder verlassen und radeln nach kurzem Anstieg durch die Dippoldiswalder Heide. Die Kreuzung vor dem Ortseingang von Karsdorf überqueren wir halblinks.

Der sanft ansteigende Malter Weg führt uns an drei bemerkenswerten, mit der Geschichte der Dippoldiswalder Heide verknüpften Stätten vorbei. Mitten in der Heide erhebt sich der **Einsiedlerstein**. Hier soll sich einer Sage zufolge die Unterkunft des Heidenmissionars Dippold befunden haben. Der Name deutet schon darauf hin, daß derselbe mit der Gründung der nahen Stadt Dippoldiswalde in Zusammenhang gebracht wird. Glaubhafter ist jedoch, daß hier ein Mönch die in den Grundmauern teilweise noch vorhandene Katharinenkapelle betreut hat, die am Dippoldiswalder Marktsteig stand, der hier entlang führte. Teile dieser Kapelle sind 1889 freigelegt worden.

Das „**Steinerne Messer**" ist der Stumpf eines alten steinernen Sühnekreuzes, dessen Kreuzarme abgeschlagen wurden. In ihm eingeritzt wurden zwei sich kreuzende Schlachtmesser. Sühnekreuze wurden häufig dort errichtet, wo jemand ermordet wurde. Hier soll ein Fleischer diese Untat begangen haben. Die zwei Meter hohe, sandsteinerne **Wolfssäule** erinnert an die Erlegung des letzten Wolfes in der Dippoldiswalder Heide am 6. 3. 1802. Fünf Jahre lang hatte man schon von seiner Anwesenheit gewußt, ehe er bei einer Treibjagd erschossen wurde. Die schwer entzifferbare Inschrift nennt die an der Jagd beteiligten Personen.

Nun beginnt die Abfahrt ins Tal der Roten Weißeritz. Mit Pfiff rollen wir abwärts und werden am Heiderand jäh durch die den Kfz-Verkehr verhindernde Schranke gebremst. Vor uns liegt nun die Talsperre Malter, an deren rechtem Ufer wir weiter talwärts fahren.

Im Gegensatz zu ihren beiden Schwestern an der Wilden Weißeritz, die Talsperren Lehnmühle und Klingenberg, dient die **Talsperre Malter** (normalerweise) nicht der Trinkwasserversorgung. Ihre 84 ha große Fläche ist deshalb für den Bade- und Bootsverkehr freigegeben. Wird wegen anhaltender Trockenheit das Wasser knapp, mischt man in solchen Notsituationen dem aus den Talsperren Lehnmühle und Klingenberg stammenden Trinkwasser für Freital und Dresden Malter Badewasser zu.

Wohl kontrolliert und gereinigt. Untermalter, einst kleines Dörfchen mit einigen Mühlen, ist heute Tummelplatz für Badende und Rudernde, für Sonnenstrahlen Haschende und Angler. Letztere sollen es hier besonders auf die Hechte abgesehen haben, die zahlreich und hochgewichtig sich ebenfalls hier tummeln. In einem alten Wanderheftchen wird von einem 16 kg schweren und 130 cm langen Hecht geschrieben, der im Mai 1952 merkte, daß er einen Haken hatte, im wahrsten Sinne des Wortes. Die Malter Talsperre wird von den Anglern auch als „Hechtwasser" bezeichnet.

Den Bahnhof Malter passierend gelangen wir zur Staumauer.

Von dem 1913 zum Hochwasserschutz erbauten steinernen Sperriegel für die Rote Weißeritz schauen wir rückblickend über den Stausee. Der Druck von 26 m Wasserhöhe trifft auf die 193 m lange Mauer. In der Mitte der Mauerkrone eine kleine Steinkuppel, von der aus man im Inneren auf Steigleitern bis zur Mauersohle klettern könnte, wenn man den Staumeister gut kennt. Zwei große Stahlrohre durchbohren hier die Mauer, das eine speist das Kraftwerk, das andere dient als Grundablaß.

Mit der Straße überqueren wir die Dammkrone. Im Bogen der *Hauptstraße* verlassen wir diese nach rechts. Der Feldweg beschreibt einen Linksbogen, an dessen Ende ein sehr schmaler Weg abzweigt. Zwischen Viehweide und Waldrand führt er abwärts. Nach einem kurzen unwegsamen Wegstück erreichen wir den Talweg und folgen ihm flußabwärts. Kurz vor dem Bahnhof **Spechtritz** überqueren wir Gleise und Weißeritz und fahren auf der Straße wenige Meter den Uferhang hinauf. Links zweigt der breite Wanderweg ab. Kurz vor Rabenau drängen sich die Felsen dicht bis ans Ufer der Weißeritz heran, der Wanderweg klettert kurz in die Felsen hinauf. Der Radfahrer kann auf diesem kurzen Wegstück sein Gefährt nur tragen. Wegen dieser 30 m müssen wir folgenden Umweg in Kauf nehmen: Wir fahren auf der Straße den steilen Uferhang hinauf und dann ins Oelsabachtal hinab. In dieser Talsohle radeln wir durch **Rabenau** zurück zur Roten

Weißeritz. An der Rabenauer Mühle treffen wir wieder auf den Talweg.

„Steil steigen die bewaldeten Hänge zu beiden Seiten des Tales an. Der **Rabenauer Grund** ist ein typisches V-Tal, ein Erosionstal mit vielen Windungen, die vom harten Widerstand zeugen, die der Fels dem Ansturm des Wassers entgegensetzte. Die Gneisklippen, die oftmals bis an den Weg und Fluß herantreten, die Gneisblöcke im schäumenden Wasser, der Mischwald an den Hängen, das infolge der Talwindungen ständig wechselnde Bild – alles das macht die Wanderung durch den Rabenauer Grund zu jeder Jahreszeit genußreich." So, wie Herbert Wotte in einem Wanderführer den Rabenauer Grund beschreibt, ist er auch – einfach wildromantisch. Nur die Schienen der Schmalspurbahn und der Wanderweg zeugen von Zivilisation. In der **Rabenauer Mühle** feierte der berühmte Vertreter der kleinbürgerlichen Kunst des spätromantischen Biedermeiers Ludwig Richter 1856 die Hochzeit seiner Tochter Helene. Er schien von der Landschaft recht beeindruckt, hat er doch auf seinem Genoveva-Bild das „Nadelöhr" verwendet. Durch diese Engstelle mußte der Wanderer auf dem Marsch durch den Rabenauer Grund kriechen, bevor der Weg nach dem 1897er Hochwasser breiter angelegt wurde.

Qualmend und fauchend schlängeln sich die Lokomotive und die drei oder vier Wagen der **Osterzgebirgsbahn** durch den engen Rabenauer Grund. Höchstens 30 km fährt sie in der Stunde und braucht so von ihrem Startpunkt Freital-Hainsberg bis hinauf ins Osterzgebirge nach Kipsdorf für die 26,3 km und die Haltestellen unterwegs immerhin eineinhalb Stunden. Keine Rekordleistung, doch viele der Passagiere haben es nicht eilig, sind es doch Touristen, die zum Vergnügen eine der wenigen noch funktionierenden Schmalspurbahnen benutzen. Fast ständig ist der Gleiskörper sanft geneigt, bis nach Kipsdorf erklimmt die Lok 349 Höhenmeter. Die Gleisanlagen der 750-mm-Schmalspurbahn kreuzen oft Weg und Fluß auf zahlreichen Brücken, fügen sich aber so geschickt in die Landschaft ein, daß sie den Eindruck der Ursprünglichkeit der wildromantischen Landschaft des Rabenauer Grundes nicht stören. Als 1870 die Rabenauer Stadtväter wegen der komplizierten Streckenführung vor allem durch den Rabenauer Grund noch von der

„teuersten Bahn Europas" sprachen, ahnten sie nicht, daß das Vorhaben nicht nur für den Tourismus bedeutsam war, sondern später auch der Industrie Nutzen brachte. Bei einer Teilstreckenerneuerung 1912 sprach sich niemand mehr gegen die Bahn aus. Gewinn und Leistungen der nach einjähriger Bauzeit am 1. November 1882 eingeweihten und 1883 bis nach Kipsdorf erweiterten Bahnlinie sprachen für sich.

Weitet sich das enge Tal, haben wir **Freital** erreicht. Am Kleinbahn-Haltepunkt Cossmannsdorf schwenken wir links ab und schieben ca. 200 m die Einbahnstraß *„An der Spinnerei"* entgegen und gelangen dann über die *Hainsberger Straße* zum Haltepunkt Freital-Hainsberg (West) am linken Ufer der Wilden Weißeritz.

Tour 11

Durch die Dresdner und Laußnitzer Heide

Dresden (S) – D.-Blasewitz – Dresdner Heide – Radeberg (S) –
Feldschlößchen – Wachau – Seifersdorf – Ottendorf-Okrilla (S)
– Laußnitzer Heide – Laußnitz – Königsbrück (S)

Sowohl die Natur in den Heidewäldern als auch die historischen
Baudenkmäler, deren Ursprung bis ins Mittelalter zurückreicht,
beeindrucken uns jeweils auf ihre Art und Weise. So wird diese
Tour auf ruhigen Nebenstraßen und Waldwegen zu einer abwechslungsreichen Fahrt.

Start: Dresden, Bahnhöfe Hauptbahnhof, Mitte oder Neustadt
(S-Bahn)

Ziel: Bahnhof Königsbrück (S-Bahn)

Streckenlänge: 45 km

Steigungen: Körnerplatz–Weißer Hirsch (140 m)

Wegebeschaffenheit: Nebenstraßen und Waldwege (teilweise
unbefestigt)

Verknüpfungen: Tour 12 Königsbrück-Arnsdorf

Sehenswertes: Elbbrücke Blaues Wunder, Standseil- und
Schwebebahn, Landschaftsschutzgebiet Dresdner Heide,
Schloß Klippenstein Radeberg, Schloß und Park Wachau,
Schloß und Park Seifersdorf, Laußnitzer Heide

Karten: Topographische Karten des Landesvermessungsamtes
Sachsen: Dresden und Umgebung mit Rad- und Wanderwegen
1 : 50 000; ADFC-Radtourenkarte Lausitz/Östliches Erzgebirge,
Blatt 14, 1 : 150 000, Bielefelder Verlagsanstalt

Informationen:
*Dresden-Werbung und Tourismus GmbH (Stadtinformation)
*Stadtverwaltung Königsbrück

* Adressen und Telefonnummern im Anhang

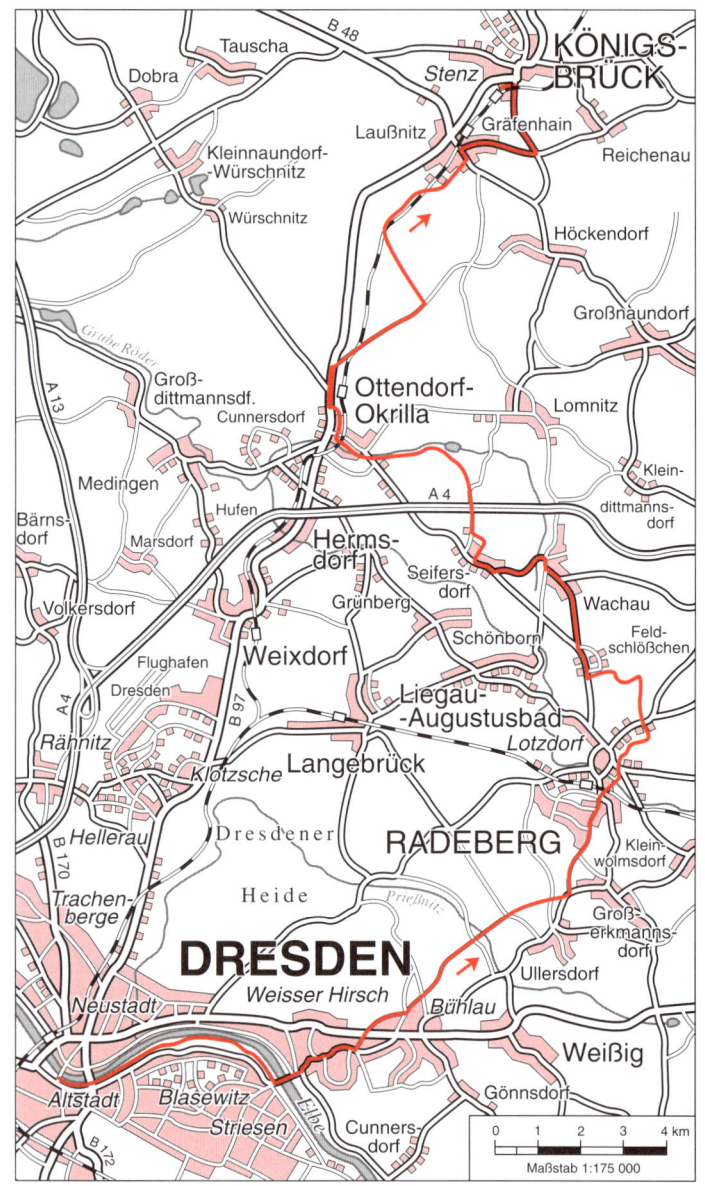

KÖNIGS-
BRÜCK

B 48

Tauscha

Dobra

Stenz

Laußnitz

Gräfenhain

Kleinnaundorf-
-Würschnitz

Reichenau

Würschnitz

Höckendorf

Groß-
dittmannsdf.

Großnaundorf

Cunnersdorf

Ottendorf-
Okrilla

Lomnitz

Medingen

Hufen

A 4

Klein-
dittmanns-
dorf

Bärns-
dorf

Marsdorf

Herms-
dorf

Seifers-
dorf

Volkersdorf

Grünberg

Schönborn

Wachau

Feld-
schlößchen

Flughafen

Dresden

Weixdorf

Liegau-
-Augustusbad

Rähnitz

Klotzsche

Langebrück

Lotzdorf

Hellerau

Dresdener

RADEBERG

Klein-
wolmsdorf

Trachen-
berge

Heide

Prießnitz

Groß-
erkmanns-
dorf

DRESDEN

Weisser Hirsch

Bühlau

Ullersdorf

Weißig

Neustadt

Altstadt

Blasewitz

Elbe

Striesen

Cunners-
dorf

Gönnsdorf

| 0 | 1 | 2 | 3 | 4 km |

Maßstab 1:175 000

122

Wir nähern uns von einem der innerstädtischen Bahnhöfe der Elbe und fahren auf der Altstädter Seite den Radweg über die Elbwiesen nutzend flußaufwärts

Während wir uns entlang des langgezogenen Elbbogens dem Blauen Wunder nähern, fällt unser Blick auf den Loschwitzhang jenseits des Stromes. Die **Albrechtsschlösser** in ihrer einmalig schönen Lage verleiten uns zu einer kurzen Rast auf einer der Bänke am Radweg durch die Elbwiesen. Das neogotische Schloß Eckberg, das Lingener Schloß und das Schloß Albrechtsberg, bilden das Ensemble der Elbschlösser, die auch als Preußische Prinzenresidenz in die Geschichte eingingen. Prinz Albrecht, Bruder Kaiser Wilhelm I., zog im letzten Jahrhundert hier ein. Er war eine nicht standesgemäße Ehe eingegangen und zog sich deshalb vorsichtshalber vor seinen hocharistokratischen Verwandten, für die dieser Schritt unverzeihlich war, hierher zurück.

Über das Blaue Wunder wechseln wir auf das andere Elbufer, überqueren den *Körperplatz* und biegen an seinem Ende links in die *Grundstraße* ein, die sich zwischen den Dresdner Ortsteilen Loschwitz und Weißer Hirsch aus dem Elbtal herauswindet.

Die ursprünglich eigenständige Gemeinde **Loschwitz** lebte einst vom Weinanbau, doch die Reblaus ließ im 19. Jahrhundert diese Einnahmequelle nahezu versiegen. Das Dorf entwickelte sich schließlich zu einem beliebten Villenort. Viele namhafte Persönlichkeiten der deutschen Kunstgeschichte hatten sich niedergelassen. Diese Tradition wahrend, wohnen hier heute die Kammersänger Theo Adam und Peter Schreier.

Nach nur zweijähriger Bauzeit verbindet die als „König-Albert-Brücke" 1893 eingeweihte Stahlkonstruktion die später nach Dresden eingemeindeten Orte Loschwitz und Blasewitz. Die Herkunft des im Volksmund sich bald einbürgernden Namens **Blaues Wunder** wird unterschiedlich erklärt – zumindest das Wunder betreffend. Die einen sprechen davon, daß es ein Wunder sei, daß die 3500 Tonnen schwere Stahlkonstruktion nicht unter ihrem eigenen Gewicht zusammenbricht. Andere zollen mit diesem Beinamen einfach der beachtlichen, dem Prinzip

Hängebrücken entlehnten Konstruktion ihren Respekt. Der blaue Namensteil stammt vom entsprechend gefärbten Rostschutzanstrich. Daß das Bauwerk als einzige Brücke der Sachsenhauptstadt den 2. Weltkrieg überstand, war kein Wunder, sondern ist den beiden Dresdnern, dem Klempnermeister Erich Stöckel und dem Telegrafenarbeiter Paul Zickler zu verdanken. Sie hatten unabhängig voneinander die bereits von der SS vorbereitete Sprengung verhindert.

Unweit des Körnerplatzes, in den die über das Blaue Wunder führende Straße am nordöstlichen Elbufer mündet, befinden sich die Talstationen der **Standseil-** und der **Schwebebahn**. Die Standseilbahn, 1894-95 gebaut, war ursprünglich für den Baustofftransport vorgesehen. Pferdewagen und Pferd wurden auf eigens dafür konstruierte Plattenwagen verfrachtet und mit der Kraft einer Dampfmaschine nach oben befördert. Als Gegengewicht dient der herabrollende Wagen, der auf halber Strecke entgegenkommt. Seit 1908 wird die Bahn elektrisch betrieben, nachdem sie drei Jahre zuvor auf den Personenverkehr umgestellt wurde. Zwei Tunnel und eine Stahlbrücke ermöglichten das Verlegen der 1000 mm breiten Gleise auf dem zergliederten Hang. Auf einem halben Kilometer erklimmt der Fahrgast 95 Höhenmeter, ehe er den Stadtteil „Weißer Hirsch" erreicht. Die benachbarte, 1901 fertiggestellte Schwebebahn, auch als Einschienhängebahn bezeichnet, führt hingegen auf die Loschwitzer Höhe. Auf nur 280 Streckenmetern kann man 84 Höhenmeter bewältigen. Beide Bergbahnen zählen zu den ältesten ihrer Art und stehen deshalb als technische Denkmale unter Schutz.

Zu beiden Seiten der Bautzener Landstraße erstreckt sich am Rande der Dresdner Heide der Stadtteil **Weißer Hirsch**. Ursprünglich war hier an einer Schankstätte Ausspanne und Rastplatz der Fuhrleute. Die schöne Lage am Elbhang und am Rande des ausgedehnten Waldgebietes hat eine der besten und begehrtesten Wohngegenden Dresdens entstehen lassen.

Vom Gartenrestaurant des „Luisenhofes" gleich neben der Bergstation der Standseilbahn genießt man einen weitreichenden Ausblick über das Elbtal und die Landeshauptstadt. Bei entsprechender Witterung reicht die Aussicht bis zum Osterzgebirge und in die Sächsische Schweiz. „Balkon Dresdens" wird

Postdistanzsäule in Dohna

Schloß Moritzburg

Das Blaue Wunder

deshalb auch die 110 Meter über der Elbe liegende Gaststätte genannt.

Der Physiker Manfred von Ardenne betreibt im Stadtteil Weißer Hirsch sein Forschungsinstitut. Zahlreiche Erfindungen, bei-spielsweise auf den Gebieten der Funktechnik oder des Fern-sehens, und die teilweise umstrittene Sauerstoffmehrschritt-therapie zur Krebsbehandlung machten ihn einst zum bekann-testen DDR-Forscher.

> Wir biegen von der *Grundstraße* in die *Neugersdorfer Straße* ein, überqueren die *Bautzener Landstraße* und fahren über den zunächst als Zumutung für Fahrrad und Fahrer zu bezeichnenden *Nachtflügelweg* in die Dresdner Heide hinein. Der Nachtflügelweg ist mit roten Punkten und mit dem auf weißem Untergrund stehenden roten Monogramm NF gekennzeichnet.

Die **Dresdner Heide**, die sich bei den Albrechtschlössern fast bis zu den Ufern der Elbe und damit bis ins Stadtgebiet hinein erstreckt, bietet den Dresdnern ein ideales Naherholungsge-biet. Auch die kursächsischen Fürsten wußten das große Areal zu schätzen, bot sich doch der wildreiche Forst zum Stillen der Jagdgelüste an. Doch bereits 1612 wurde der letzte Bär erlegt, kurze Zeit später der letzte Wolf. Im Jahre 1832 führte der Begründer der Forstwissenschaft Heinrich Cotta das System der Schneisen und Flügel ein, das zu einer Systematisierung der Waldpflege führen sollte. Zwischen Radeberg und Radebeul wird die Dresdner Heide von den Schneisen 1 bis 29, zwischen Klotzsche und Weißig von den Flügeln A bis L unterteilt. Die dazwischenliegenden Rechtecke werden Abteilungen genannt und sind durchnumeriert. Wesentlich älteren Datums sind die typischen in die Bäume eingeritzten und rot eingefärbten Wald-zeichen, die einige Wege der Dresdner Heide markieren. Nacht-flügelweg, der Verkehrte Anker, Reichsapfel oder das „W" sind solche Waldzeichen, die im folgenden als Orientierungshilfe verwendet werden. Der Ursprung dieser Zeichen liegt im 12. oder 13. Jahrhundert.

> Vereinigen sich Nachtflügel und A-Flügel, ca. drei Kilo-meter seit *Bautzener Landstraße*, führt der kürzeste Weg

halbrechts über den A-Flügel. Geradeaus über mit dem verkehrten Anker gekennzeichneten Weg kann man einen Abstecher zu einem kleinen Stausee machen, idealer Rastplatz fürs zweite Frühstück. Für den Weg zurück folgen wir von der Staumauer aus vorerst der roten Balken-Markierung, kreuzen schräg links den Weg mit dem verkehrten Anker und gelangen über den mit dem Reichsapfel markierten Weg zu einem breiten Weg (Rotes W). Wir fahren in diesen rechts hinein und treffen kurz darauf wieder auf den A-Flügel. Nach wenigen Metern überqueren wir die hier noch junge Prießnitz. Steigt der Weg leicht an, kreuzen wir den *Bischofsweg*.

Rechter Hand durch die Bäume sind die Ullersdorfer Hofewiese und die **Tanzzipfelwiese** zu sehen. Der Name der Tanzzipfelwiese stammt von einer Überlieferung ab: August der Starke hatte nach einer Jagd in der Dresdner Heide versprochen, demjenigen die Wiese zu übereignen, der sie ohne Unterbrechung umtanzt. Ein Jägerbursche soll diesen Kraftakt vollbracht haben.

Der **Bischofsweg** ist Teil eines alten Straßenzuges, der vom 13. Jahrhundert bis zur Reformationszeit im 16. Jahrhundert den Bischofssitz Meißen unter Umgehung der markgräflichen Stadt Dresden mit dem bischöflichen Schloß Stolpen verband. Das heute markierte Wegstück entspricht weitestgehend dem ursprünglichen Verlauf. Von Ullersdorf kommend überquert er bei der Breiten Furt die Prießnitz und trifft auf den HG-Weg. Der weitere Verlauf durch die Heide wird nur vermutet. Am Alaunplatz im heutigen Dresdner Stadtgebiet, in Ullersdorf und Radebeul werden Straßenzüge heute noch als Bischofsweg bezeichnet.

Geht es geradeaus nur noch über einen schmalen Pfad weiter, schwenken wir links ab in den *Flügelweg* (Markierung: gelbe Balken). Wir tangieren Großerkmannsdorf.

In **Großerkmannsdorf** wurde 1702 unter Nutzung des Grundrisses des Vorgängers eine barocke Dorfkirche errichtet, deren gediegene Innenausstattung aus der Entstehungszeit herrührt. An der Hauptstraße nach Radeberg (wir fahren eine Nebenstraße) steht ein Steinkreuz. Im Jahre 1634 soll der Großerkmannsdorfer Erbrichter Merkel hier versucht haben, einen aus Radeberg kommenden Salzwagenkonvoi aufzuhalten. Er wurde von einem den Konvoi begleitenden österreichischen Reiterfähnrich angeschossen und verstarb an den Folgen dieser Verletzung.

Am Ortseingang von Radeberg fahren wir gerade auf die *Hauptstraße*. Über diese gelangen wir zu einer Brücke, die eine Bahnstrecke überquert. Gleich darauf biegen wir rechts ab und rollen abwärts, bis uns in einer Linkskurve geradeaus ein (heute noch) unbefestigter Radweg hinunter zur Schwarzen Röder führt. Am Vorfahrtsschild rechts ab, die Röder überqueren und gleich wieder rechts auf dem Radweg weiterfahren. Der Radweg endet an einer Rechtskurve der Hauptstraße, wir biegen hier links und gleich darauf wieder rechts in eine Nebenstraße ab.

Radeberg liegt am Übergang der alten Glas- und Salzstraße über die Große Röder und entwickelte sich im Mittelalter im Schutz einer Burg zu einer Händler- und Handwerkersiedlung. Aus der Burg wurde unter Verwendung der alten Anlagen im 16. Jahrhundert das im Renaissancestil erbaute **Schloß Klippenstein**. Im 17. Jahrhundert nochmals erneuert, beherbergt es heute das Heimatmuseum, das Exponate aus der Eiszeit der Ur- und Frühgeschichte, der Geschichte der Stadt und der Um- und Neubauten der Burg, aber auch Mineralogisches und Geologisches vorzuweisen hat. Schloß Klippenstein ist Ausgangspunkt des sogenannten „Planetenwanderweges" Radeberg. Auf dem 2 km langen Weg durch das Hüttertal bis zum Felixturm wird auf Schautafeln unsere kosmische Heimat im Maßstab 1 : 3 Millionen dargestellt.

Aufschwung bei der industriellen Entwicklung Radebergs brachte die 1845 erbaute Bahnlinie von Dresden nach Görlitz. Markenzeichen der Stadt ist das „Radeberger", ein wohlschmeckendes, in die halbe Welt exportiertes Bier. Es war bis '89 eine in den „Kaufhallen des real existierenden Sozialismus" Andrang auslösende Rarität.

Wir folgen dem *Planetenwanderweg* wenige hundert Meter bis wir links über einen Hangweg das Tal (schiebend) verlassen können. Ein Altenheim passierend erreichen wir die Ausfallstraße in Richtung Großröhrsdorf. Auf dieser kurz rechts und gleich darauf wieder links (Radweg). Die Straße hinter der Schallschutzwand queren und dem begleitenden Radweg nach links folgen. Der Radweg endet an der Straße nach Ottendorf-Okrilla, in die wir rechts abbiegen.

Von der historischen Bedeutung der heute glatt asphaltierten, hoch frequentierten Straße ist nichts mehr zu spüren. Einst verband der als **Alte Salz-** oder **Böhmische Glasstraße** in die Geschichte eingegangener Fahrweg im Mittelalter Böhmen mit dem Gebiet um Halle und Leipzig. Sie führte über Großenhain, Radeberg, Stolpen und Neustadt ins nordböhmische Schluckenau. Der Name rührt von den Gütern her, die die Pferdefuhrwerke transportierten. Aus Böhmen holte man Glas, nach Böhmen wurde Salz gebracht. Neben Dresden und Röderau wurde auch Radeberg, das seit 1412 bereits das Monopol für den Salzhandel innehatte, Zollstation und konnte saftige Zölle erheben. Die Höhe wurde in Abhängigkeit der Anzahl der Pferde, die das Fuhrwerk zogen, festgelegt.

An der Straßengabelung in **Feldschlößchen** verlassen wir die Hauptstraße und fahren geradeaus weiter nach **Wachau**. Die Abfahrt durchs Dorf endet für uns am Schloß.

Schon im 13. Jahrhundert wird in den Annalen eine Wasserburg erwähnt, die als Herrensitz einer Familie von Wachau diente, der auch das Dorf und das Vorwerk gehörten. Später ging der Besitz an eine Familie von Schönfeld über, die erst 1802 das Anwesen veräußerte. Der Bau des auch heute noch von einem breiten Wassergraben umgebenen **Schloß Wachau** dauerte 24 Jahre, 1754 konnte die vierflügelige, hufeisenförmige Anlage vollendet werden. Über eine sich nach oben verjüngende Freitreppe gelangt man von der Gartenseite zum Haupteingang. Auffallend der stark geschwungene Balkon und der breite, reliefgeschmückte Dreieckgiebel über dem Barockportal, das in das Vestibül des Treppenhauses führt. Dem Garten schließt sich ein Park nach englischem Muster an. Der alte Baumbestand, Rotbuchen, Eichen, Linden, Ulmen und Kastanien, Plastiken sowie ein schindelgedecktes Gartenhaus bereichern das 4 ha große Gelände.

Die 1689 erbaute frühbarocke **Wachauer Kirche** wurde 1823 durch eine neue ersetzt. Nur der quadratische Westturm stammt noch vom Vorgänger. Aus dem 18. Jahrhundert datieren einige Sandsteingräber auf dem Kirchhof. Aus der gleichen Zeit stammt ein Kruzifix aus Meißner Porzellan, das heute noch für sakrale Feiern verwendet wird.

> Oberhalb des Schlosses zwischen zwei Teichen überqueren wir den Dorfbach. Der Weg führt auf eine Straße, auf der wir das Dorf verlassen und nach Seifersdorf gelangen. An der Einmündung unserer Nebenstraße in die Hauptstraße liegt rechter Hand das Parkgelände am Schloß Seifersdorf.

Auch hier war der Vorgänger des **Schlosses Seifersdorf** eine Wasserburg. Sie stand auf einer quadratischen Insel. Über den Graben führten zwei Zugbrücken. Berühmtester Schloßbesitzer war der zu Zeiten August des Starken einflußreiche und verschwenderische Heinrich von Brühl, sächsischer und polnischer Premierminister. Für den Umbau des Schlosses ließ er Pläne von Karl Friedrich Schinkel entwerfen, nach denen, allerdings erst 1822, eine der ersten neugotischen Anlagen fertiggestellt wurde. Der von einer Mauer umgebene rechteckige Park wurde ursprünglich als englischer Garten angelegt und mit verschiedenen Plastiken ausgestattet. Unter dem üppigen Blätterdach verschiedenster Ahornbäume liegen zwei Teiche und gepflegte Rasenflächen. Kulturgeschichte schrieb auch Christiane von Brühl, Schwiegertochter von Heinrich von Brühl. Sie verwandelte das von der Großen Röder durchflossene Seifersdorfer Tal in einen Landschaftsgarten (siehe Tour 14). Bis 1945 war das Schloß im Besitz der Nachfahren der Brühls.

> Oberhalb des Parks führt uns ein rot markierter Wanderweg zum Steinberg hinauf.

Schlechten Weg und steilen Anstieg nehmen wir in Kauf, um eine weitreichende Aussicht von dem 264 m hohen **Steinberg** zu genießen. So ist der Keulenberg in nordöstlicher Richtung auszumachen, der als letzte größere Erhebung vor der Ostsee gilt. Über den Steinberg führte auch die bereits erwähnte Alte Salzstraße. In der Nähe befinden sich ein hölzernes Lutherkreuz und ein granitenes Steinkreuz. Letzteres wurde als Sühnekreuz für einen Mord im Jahre 1672 errichtet. Die tödliche Messerstecherei ist im Seifersdorfer Kirchenbuch nachgewiesen.

> Auf dem Steinberg beschreibt unser Weg einen rechten Winkel unf fällt steil abwärts. Am Ortsausgang von Seifersdorf erreichen wir wieder glatten Asphalt und verlassen die Gemeinde endgültig. Nachdem die Autobahn unterquert ist, verlassen wir die Straße in der Rechtskurve und rollen auf den Wald zu. Der Weg ist nicht gerade komfortabel, aber die Nähe zur Natur läßt die Unannehmlichkeiten verblassen.

In den feuchten Wiesen, an deren Rand unser naturnaher Weg entlangführt, glitzern **Sandteich** und **Fünfhufenteich**. Der Name des letzteren rührt daher, daß an diesem Teich fünf bäuerliche Anwesen, sogenannte Hufe zusammentrafen. Deutsche Dörfer entstanden oft als Waldhufendörfer. Ein solches Dorf besteht aus einer langen Reihe von Einzelgehöften. In der Breite des jeweiligen Anwesens zogen sich die zugehörigen Feldstreifen bis zu den Wäldern oder Flurgrenzen. Diese Streifen nannte man Hufe.

> Treffen wir auf die Orla, einen schilfumsäumten Bach, fahren wir an ihrem linken Ufer talwärts.

Dieses schmale, träge dahin fließende Gewässer, die **Orla** kennen wir bereits. In Wachau hieß der Bach noch Saugraben und speiste einige Teiche, die der Karpfenzucht dienen. Früher tummelten sich hier Aale, Hechte, Barsche und Karpfen, sie verloren jedoch mit der Begradigung des Verlaufes im Jahre 1868 ihren natürlichen Lebensraum. Nach einer Fahrt über wiesenbewachsene Wege gelangen wir nach Ottendorf-Okrilla. Am Ortseingang befindet sich rechter Hand ein Freibad, das aus dem ehemaligen Großen Teich hervorgegangen ist, der aber bereits 1820 trockengelegt wurde.

An der Hauptstraße rechts, gleich darauf wieder links in den unbefestigten Fahrweg mit dem treffenden Namen *„Feldweg"*. Dieser bringt uns zwischen Wohnhäusern und Gewerbegebiet dem Ortskern näher. Wir kreuzen die Schienen der Bahn. Kurz nach der Kirche rechts ab und an der Kirchhofmauer bis zur *Hauptstraße*. Hier nochmals rechts und gleich darauf wieder links in die *Mühlstraße*. Diese trifft auf die *Königsbrücker Landstraße*, auf der wir den Ort verlassen.

Ottendorf-Okrilla wurde aus den fünf Ortsteilen Klein- und Großokrilla, Cunnersdorf, Ottendorf und Moritzdorf gegründet. In die Kirche von Ottendorf gingen bereits vor dem Zusammenschluß auch die Gläubigen der anderen vier Gemeinden. Es wuchs also zusammen, was sowieso schon zusammengehörte. Die jetzige Kirche entstand in nachklassizistischen Formen 1874 bis 1875, nachdem ein Blitzschlag am 12. Juli 1873 an Altar, Kanzel und Turm der Vorgängerin große Zerstörungen anrichtete.

Haben wir den Bahnhof Ottendorf-Okrilla (Nord) passiert, überqueren wir den beschrankten Bahnübergang und fahren in die Laußnitzer Heide hinein. Rund 2,5 km nach dem Bahnübergang erreichen wir die erste größere Waldwegekreuzung (alter Vermessungs- oder Grenzstein). Wir biegen rechtwinklig links ab und fahren bis zur Grünen Säule, die wir kurz nach Überquerung der Bahnlinie erreichen.

Die **Laußnitzer Heide** wurde wie viele sächsische Wälder im 19. Jahrhundert aus einem naturnahen Mischwald in einen monokulturellen Nutzforst umgewandelt. Das ca. 50 ha große Territorium wurde vorwiegend mit Kiefern bepflanzt und mit einem cotta'schen Schneisensystem durchzogen. Das einst für die höfische Jagd angelegte spinnenförmige Wegenetz ist nur noch zum Teil erhalten. Mittelpunkt ist die Grüne Säule, ein granitener Obelisk aus dem Jahre 1883, der außerdem Reviergrenzen markiert. Bei einem Abstecher vor zur Bundesstraße (500 m weiter geradeaus) können wir die **Wolfssäule** besichtigen. Sie erinnerte an die Erlegung des letzten Wolfes in der Laußnitzer Heide am 11. 11. 1740.

An der Grünen Säule schwenken wir nach rechts und nutzen den Weg parallel zur Bahn. Der Weg verläßt später den Wald. Treffen wir in **Laußnitz** auf die *Pulsnitzer Straße*, geradeaus geht's nicht mehr weiter, links ab. Am Abzweig nach Gräfenhain rechts ab (Wegweiser). Auf der ansteigenden Straße verlassen wir Laußnitz. An der Kreuzung nach einer kurzen Abfahrt links in Richtung Königsbrück. Zum Bahnhof gleich nach der Unterquerung der Bahn links ab.

Hat man noch etwas Kraft und Zeit bis zur Abfahrt des Zuges, lohnt sich ein Abstecher in die Stadt. **Königsbrück** liegt am Übergang der „Alten Hohen Straße", eine Handelsstraße von Sachsen über die Lausitz nach Schlesien, über die Pulsnitz. Böhmische Könige errichteten hier eine Zollfeste, in deren Schutz sich die Siedlung entwickelte. Rückschläge erlitt die Stadt durch einen Hussitenüberfall 1421 und bei drei verheerenden Stadtbränden in den Jahren 1631, 1760 und 1847. Von der mittelalterlichen Bausubstanz ging dadurch vieles verloren. Das dreigeschossige barocke Schloß der Stadt steht auf einer durch eine Pulsnitzschleife gebildete Landzunge. Im 16. Jahrhundert wurde auf den Resten der Zollfeste, die vom Sechsstädtebund 1355 zerstört wurde, ein Renaissanceschloß errichtet, von dem ein Portal erhalten blieb. Der Hauptteil des heutigen Bauwerkes wurde um 1700 errichtet. Im Mitteltrakt dominiert ein sehenswerter Balkon, aufgemalte ionische Pilaster zieren die Fassade. Die barocke Pfarrkirche hat einen bemerkenswerten Altaraufsatz von 1692 und zwei spätgotische Tafelgemälde von der Kreuzigung und Geißelung Christi aus dem Jahre 1475 vorzuweisen. In der Hospitalkirche steht ein barocker Flügelaltar von 1728. Als Kostbarkeit ist ein spätgotisches Kruzifix aus den Anfängen des 16. Jahrhunderts zu erwähnen.

Tour 12

Zu den Schlössern und Parks von Ober-
lichtenau und Rammenau

Königsbrück (S) – Gräfenhain – Keulenbergweg – Keulenberg
– Oberlichtenau – Lausitzer Hügelland – Röderbrunn – Röder-
quelle – Rammenau – Bischofswerda (DB) – Frankenthal –
Großharthau (DB) – Arnsdorf (S)

Die Tour genügt sowohl konditionellen als auch kulturellen An-
sprüchen voll und ganz. Mit der Bezwingung des sagenumwo-
benen Keulenberges ist zwar die höchste, aber keineswegs
letzte anstrengende Steigung gemeistert. Beim Besuch der
Schlösser und Parks von Oberlichtenau und besonders Rammenau können sich die Muskeln entspannen, während der Geist
strapaziert wird.

Start: Bahnhof Königsbrück (S-Bahn)

Ziel: Bahnhof Arnsdorf (S-Bahn)

Streckenlänge: 48 km

Steigungen: Pulsnitztal/Gräfenhain-Keulenberg (ca. 235 m).
Weitere Anstiege mit geringeren Höhenunterschieden

Wegebeschaffenheit: ca. 70% unbefestigte Wald- und Feldwege. Mountainbike ist zweckmäßig, aber keinesfalls Bedingung

Verknüpfungen: Tour 3 Arnsdorf–Pirna

Sehenswertes: Badebrücke über das Tiefental (Pulsnitz), Keu-
lenbergaussicht, Schloß und Park Oberlichtenau, Barockschloß
Rammenau u. a.

Karten: ADFC-Radtourenkarte Lausitz/Östliches Erzgebirge,
Blatt 14, 1:150 000, Bielefelder Verlagsanstalt

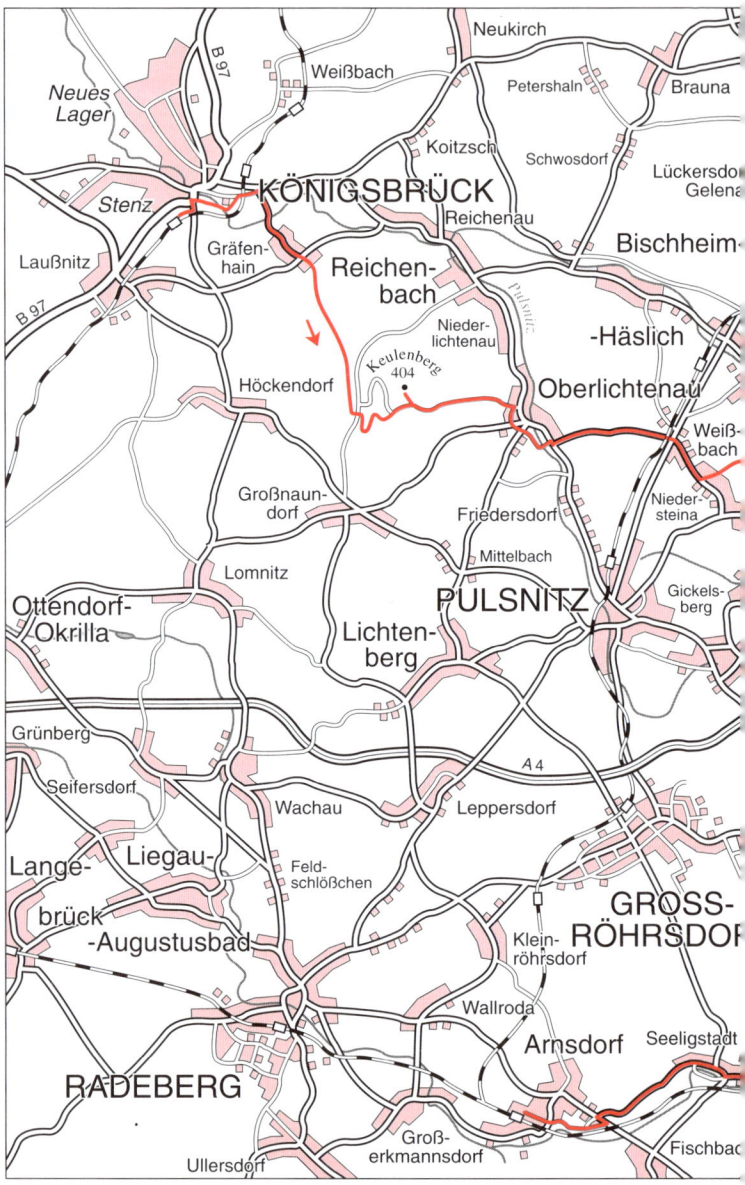

Neukirch

Weißbach

Petershaln

Brauna

Neues
Lager

Koitzsch

Schwosdorf

Lückersdo
Gelena

KÖNIGSBRÜCK

Stenz

Reichenau

Bischheim

Laußnitz

Gräfen-
hain

Reichen-
bach

Nieder-
lichtenau

-Häslich

Höckendorf

Keulenberg
404

Oberlichtenau

Weiß-
bach

Großnaun-
dorf

Friedersdorf

Nieder-
steina

Lomnitz

Mittelbach

PULSNITZ

Gickels-
berg

Ottendorf-
Okrilla

Lichten-
berg

Grünberg

Seifersdorf

A 4

Wachau

Leppersdorf

Liegau-

Lange-

Feld-
schlößchen

brück

-Augustusbad

Klein-
röhrsdorf

GROSS-
RÖHRSDOF

Wallroda

Arnsdorf

Seeligstadt

RADEBERG

Groß-
erkmannsdorf

Ullersdorf

Fischbac

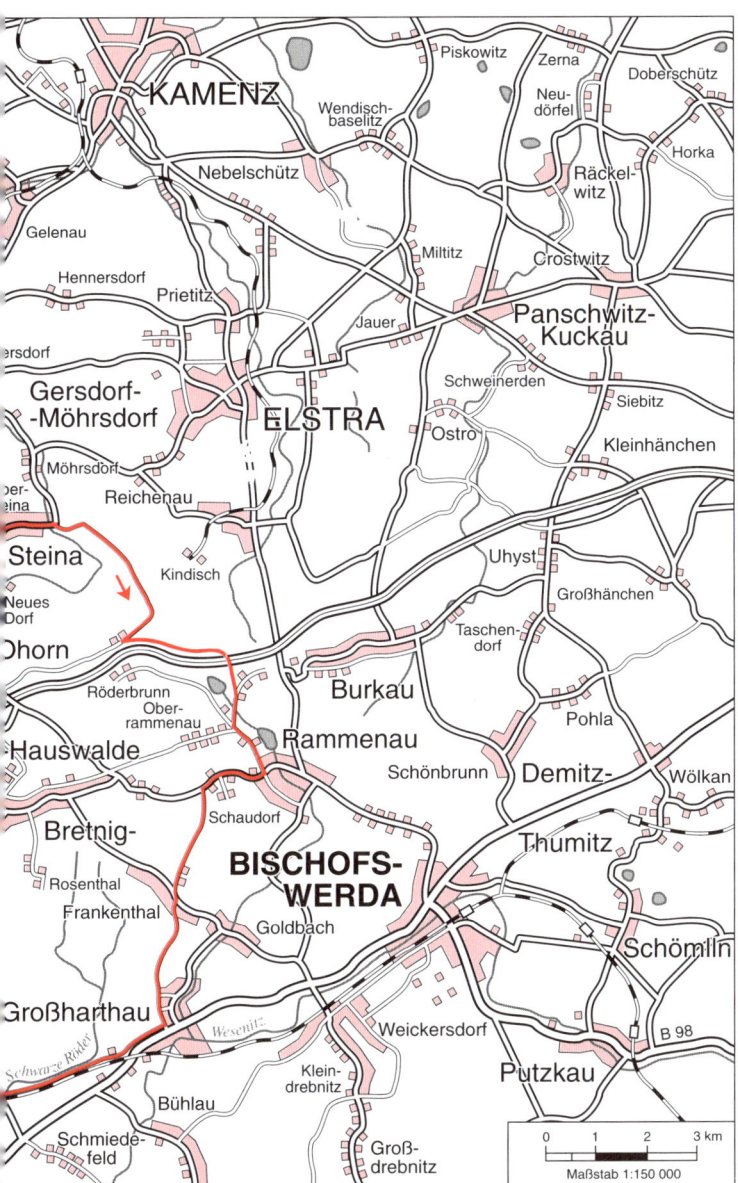

KAMENZ

Piskowitz

Zerna

Neu-
dörfel

Doberschütz

Wendisch-
baselitz

Horka

Nebelschütz

Räckel-
witz

Gelenau

Miltitz

Crostwitz

Hennersdorf

Prietitz

Panschwitz-
Kuckau

Jauer

...ersdorf

Schweinerden

Siebitz

Gersdorf-
-Möhrsdorf

ELSTRA

Ostro

Kleinhänchen

...ber-
...eina

Möhrsdorf

Reichenau

Steina

Kindisch

Uhyst

Großhänchen

Neues
Dorf

Taschen-
dorf

Dhorn

Röderbrunn
Ober-
rammenau

Burkau

Pohla

Hauswalde

Rammenau

Schönbrunn

Demitz-

Wölkan

Bretnig-

Schaudorf

Thumitz

Rosenthal

BISCHOFS-
WERDA

Frankenthal

Goldbach

Schömlln

Großharthau

Weickersdorf

Wesenitz

B 98

Schwarze Röder

Kleindrebnitz

Putzkau

Bühlau

Groß-
drebnitz

Schmiede-
feld

0   1   2   3 km

Maßstab 1:150 000

Informationen:

*Stadtverwaltung Königsbrück

Treten wir aus dem Königsbrücker Bahnhofsgebäude heraus, wenden wir uns nach rechts, müssen jedoch das
Fahrrad ca. 200 m entgegen der Einbahnstraße abwärts
schieben. Auf der Hauptstraße schwingen wir uns in den
Sattel und rollen talwärts. Am Stoppschild wird die Abfahrt
jäh gebremst – rechts ab und gleich nochmal rechts ab
in die schmale Talstraße. Gabelt sich der Asphaltweg,
halten wir uns links und rollen in die Aue der Pulsnitz,
überqueren einen Seitenarm und später den Hauptfluß.
Vorerst noch parallel zum Fluß bis zum Stoppschild. Wer
naturnahe Wege bevorzugt, schwenkt rechts ab ins Pulsnitztal. Ansonsten geradeaus weiter und den Berg hinauf
radeln. Noch vor der *Hauptstraße* rechts ab in Richtung
Gräfenhain.

Eine kurze Abfahrt bringt uns in das Tal der **Pulsnitz** hinunter.
Der Fluß entspringt östlich der gleichnamigen, durch ihre Pfef-
ferkuchen bekannten Stadt und mündet nach ca. 60 km bei
Elsterwerda in die Schwarze Elster. Sie bildet die Grenze der
einstigen Mark Meißen und der Lausitz. Oberhalb von Königsbrück hat die Pulsnitz im Laufe der Jahrhunderte das steile,
stellenweise schluchtenartige „Tiefental" in die Landschaft geschnitten. Wegen der reichhaltigen Fauna und Flora wurde das
Gebiet unter Naturschutz gestellt. Bei Königsbrück wird das
Pulsnitztal von einer Bahnlinie gekreuzt. Die Schienen werden
von einer stählernen Brücke getragen, die als technisches
Denkmal gilt.

Nachdem wir das Pulsnitztal gekreuzt haben, stehen uns
235 anstrengende Höhenmeter auf den Keulenberg hinauf bevor. Die sanft ansteigende Straße durch Gräfenhain
dient der letzten Erwärmung.

Am südlichen Ortsausgang von **Gräfenhain** steht ein Steinkreuz
mit einer eingeritzten Axt. Die Sage berichtet von zwei Zimmer-
männern, die sich um ein Mädchen stritten. Der Streit artete

aus und der eine wurde vom anderen erschlagen. Wie es damals üblich war, wurde bei Mord oder Totschlag ein Sühnekreuz errichtet.

Gabelt sich der Weg, nachdem wir den Ort auf unbefestigter Piste verlassen haben, wählen wir den linken, mit roter Wanderwegmarkierung versehenen. An der Schutzhütte halten wir uns rechts. Treffen wir zum zweiten Mal auf eine ausgeschilderte Radroute, biegen wir rechts ab. (Der Wanderweg zum Keulenberg geradeaus ist zwar nur einen Kilometer lang, aber viel zu steil.) Nach ca. 500 m links ab und immer dem in Serpentinen aufwärts führenden Weg folgen, bis er auf die gepflasterte Keulenbergauffahrt trifft. Nun sind es nur noch wenige Meter bis zum Gipfel.

Der **Keulenberg** ist mit seinen 413 m die letzte größere Erhebung vor der Ostsee! Im Abstand von knapp 700 m Luftlinie erhebt sich der mit 390 Höhenmetern kaum nachstehende Kleine Keulenberg. Der Doppelgipfel steht auf einem Granitsockel, der an vielen Stellen als gewaltiges Massiv hervortritt. Steinwälle rühren vom Ackerbau her, der hier einst betrieben wurde. Die störend herumliegenden Steine wurden gesammelt und dienten gleichzeitig als Feld- und Flurbegrenzung sowie als Pferche für die Viehhütung. Um den Keulenberg ranken sich Sagen von Bergmännchen, Nixen und Riesen und anderen Geistern, die in den Wäldern ihr Unwesen trieben oder gute Taten vollbrachten. Früher soll der Keulenberg Opferberg der Germanen gewesen sein.

Schade um die hart erkämpften Höhenmeter. Wir sausen die Keulenbergabfahrt hinunter bis nach Oberlichtenau. Am Stoppschild rechts ab.

Schloß Oberlichtenau wurde 1718 erbaut und hat eine wechselvolle Geschichte vorzuweisen. Heinrich von Brühl, Minister in den Diensten August des Starken, kaufte es 1740. Zehn Jahre später wurde der zweigeschossige Barockbau durch den bekannten sächsischen Baumeister Johann Christoph Knöffel erweitert und die Innenräume verändert. Im Siebenjährigen Krieg 1756/63 wurde das Schloß durch preußische Truppen verwüstet, später jedoch wiederhergestellt. Als Prunkstück ist der Festsaal mit seiner reichen Stuckdekoration zu bezeichnen. Auch der Barockpark von 1720 wurde mehrfach umgestaltet und 1830 teilweise mit Obstbäumen bepflanzt, so daß die Anlage nur noch in ihren Grundzügen erhalten ist.

In **Weißbach** die *Hauptstraße in Richtung Steina* überqueren. Bald steigt die Straße steil an. Wir biegen in die schmale Straße gegenüber dem Haus Nr. 27 in Richtung Obersteina (Wanderwegweisung) ab. In Obersteina treffen wir wieder auf die Hauptstraße, in die wir links einbiegen. In einer S-Kurve verlassen wir diese auf der Elstraer Straße nach rechts. Die Wander- und Radroutenwegweisung zur Luchsenburg hilft uns bei der Orientierung. Nach dem Steilstück am Ortsausgang **Steina** rechts ab. Der Weg mündet in eine abwärts führende Schneise, auf der wir fast bis zur Bundesautobahn hinunterrollen. Noch vor der Wiese vor dem lärmenden Betonband scharf links ab. Wir unterqueren später die Autobahn und gelangen zu einer kleinen Siedlung. Wo der Weg nach rechts auf die Dammkrone eines kleinen Stauweihers abbiegt, fahren wir geradeaus weiter. Bald kommt Schloß Rammenau ins Blickfeld.

Auch hier hatte der Oberlandbaumeister Knöffel als Architekt das Sagen. Das **Barockschloß Rammenau** entstand 1721 bis 1737 nach seinen Plänen. Die lange Bauzeit deutet schon darauf hin: Der Bauherr, Kammerherr von Knoch hatte sich finanziell zu viel zugemutet. Er flüchtete kurzerhand und entzog sich so den Forderungen seiner Gläubiger. Ursache für das leere Portemonnaie des Bauherrn war sein Wunsch, für das Bauwerk Sandstein zu verwenden. Nicht etwa aus dem nahen Elbsandsteingebirge, sondern aus dem Maingebiet schleppte man die schweren Brocken heran. Die Transportkosten schnellten in die Höhe, es folgte 1744 die Zwangsversteigerung, bei der eine Familie von Hoffmann den Zuschlag erhielt. Erst 1798 wurde der Innenausbau zum Abschluß gebracht. Durch die vielen Besitzerwechsel unterlag das Schloß noch während der Bauzeit unterschiedlichen stilistischen Einflüssen. Bei einem Rundgang durch das als Museum zu besichtigende Schloß beeindruckt die Vielfalt der Innenausstattung, von der nur einiges hier genannt werden soll: Gemalte Architekturen im Treppenhaus, die klassizistische Einrichtung der Festräume, die Wandmalereien im Fest- und Spiegelsaal, bemalte Wandbespannungen im Chinesischen Zimmer, eine Meißener Porzellansammlung. Der sich anschließende Garten wurde anfangs im Barockstil in der üblichen strengen Geometrie erbaut. Nach 1800 wurde er in einen freizügigeren englischen Garten umgestaltet.

Rammenau ist Geburtsort von **Johann Gottlieb Fichte**, der berühmte Philosoph des klassischen deutschen Idealismus. Er suchte, von Immanuel Kant ausgehend, unter Eliminierung des Dings an sich einen subjektiven Idealismus dialektisch zu begründen. Sich mit solchen und anderen komplizierten Denkmodellen beschäftigend, hatte er eine Professur in Jena inne, wurde aber nach dem Atheismusstreit 1799 mit dem Vorwurf der Gottlosigkeit abgesetzt. Doch später erhielt er weitere Professuren in Berlin, Königsberg, Erlangen. 1811 wurde er erster gewählter Rektor der Berliner Universität. Mit seinen „Reden an die deutsche Nation" trat er entschieden gegen die napoleonische Fremdherrschaft auf.

> Die Straße vor dem Schloß fahren wir weiter in den Ort hinein. Am Stoppschild rechts ab und Rammenau verlassen. Haben wir die Höhe erklommen, biegen wir links nach Frankenthal ab.

In **Frankenthal** finden wir eine Kirche, deren Ursprung ins Jahr 1495 zurückgeht. Sie wurde 1607 vergrößert, erhielt 1730 einen neuen Turm und 1740 einen hölzernen Kanzelaltar.

> Diesen Ort durchqueren wir geradeaus und bleiben dann auf dem puckligen Fahrweg zwischen Ort und Feldern, der uns schließlich nach Großharthau führt.

Die Kirche von **Großharthau** stammt aus dem Jahr 1794. In ihr stehen zwei Wappengrabsteine aus dem 16. Jahrhundert. Auf dem Gelände des ehemaligen Rittergutes stand einst eine Wasserburg. Mit Anschluß an das Bahnnetz 1845 siedelten sich einige Industriebetriebe an.

> In die *B 6* rechts hinein und vor der Bahnbrücke diese

wieder verlassen. Der parallel zur Bahn verlaufende unbefestigte Fahrweg bringt uns nach **Seeligstadt**.

Das Waldgebiet, das wir auf der Fahrt von Frankenthal über Großhartha nach Seeligstadt rechter Hand im Blickfeld haben, ist die **Massenei**. Der 1500 ha große Forst war früher Jagdgebiet der sächsischen Obrigkeit. Eine Sage über einen gewissen Bornematz berichtet davon, daß er Wanderer zwang, ihn ein Stück zu tragen. Weiterhin ist im Großröhrsdorfer Kirchenbuch eingetragen, daß zwei Männer, Matz Brückner und Born Hans Schöne 1637 in diesem Wald erschossen wurden. Sie spuken aber heute noch als Geister umher – sagt man. Deshalb führt unsere Route nicht durch die Massenei – könnte man jetzt denken. Die wahre Ursache liegt jedoch in den Wegen des Waldes, die stellenweise für Fahrrad und Fahrer mehr als eine Zumutung sind.

Über die *Landstraße* kommen wir schließlich nach **Arnsdorf**. Nach dem Ortseingang links die *Hauptstraße* einbiegen. Kurz vor der Eisenbahnbrücke verlassen wir die Hauptstraße nach rechts. Wir radeln am Rande eines Klinikgeländes entlang. In den Bogen einer Hauptstraße fahren wir nach links hinein und kommen am Carswaldbad vorbei. Vor der nächsten Bahnbrücke biegen wir rechts und gleich darauf wieder links ab. Wir sind damit auf der *Bahnhofstraße* und haben gleich darauf den Bahnhof Arnsdorf erreicht.

Leuchtturm und Mole am Großteich bei Moritzburg

Schloß Hoflößnitz vor den Radebeuler Weinbergen

Schmalspurbahn „Lößnitzdackel"

Tour 13

Durch die Dresdner Heide nach Radeberg

Dresden-Neustadt (S) – Dresdner Heide – Prießnitztal –
Dresden-Klotzsche (S) – Heidemühle – Hofewiese –
Langebrück – Radeberg (S)

Eine ideale Familien- oder Feierabendtour, kurz, gemächlich,
fast autofrei. Unterwegs viele Möglichkeiten fürs Picknick oder
Entspannen im Grünen. Wer es sportlicher mag, schließt Tour 14
an, die durch das Rödertal und über Moritzburg nach Radebeul
führt.

Start: Bahnhof Dresden-Neustadt (S-Bahn)

Ziel: Bahnhof Radeberg (S-Bahn)

Streckenlänge: 25 km

Steigungen: längerer, aber sanfter Anstieg durchs Prießnitztal
bis zur Hofewiese

Wegebeschaffenheit: ca. 80% unbefestigte Waldwege

Verknüpfungen: Tour 11 Dresden–Radeberg–Königsbrück
Tour 14 Radeberg–Moritzburg–Radebeul

Sehenswertes: Prießnitzwasserfall, Prießnitztal, Landschaftsschutzgebiet Dresdner Heide, Hofewiese

Karten: Topographische Karten des Landesvermessungsamtes
Sachsen: Dresden und Umgebung mit Rad- und Wanderwegen
1 : 50 000

Informationen:
*Dresden-Werbung und Tourismus GmbH (Stadtinformation)

* Adressen und Telefonnummern im Anhang

Dresden, Bahnhof Dresden-Neustadt, Bahnhofsvorplatz namens „Schlesischer Platz". Wir wenden uns nach links, lassen uns über die *Friedrich-Wolf-Straße* bis zur ersten Querstraße, die *Stetzscher Straße* „durchschütteln" und fahren weiter bis zur *Königsbrücker Straße*. Diese kurz landwärts und in die nächste Querstraße rechts ab bis zur *Alaunstraße*. Wir halten genau auf die St. Franziskus-Xaverius-Kirche zu und erreichen den *Alaunplatz*. Den Park schräg nach rechts überqueren. An seiner rechten, hinteren „Ecke" treffen wir auf die schmale Gasse *„An der Prießnitz"* und rollen talwärts. Bald sind wir am Ufer des kleinen Flüßchens, das uns bis zur Heidemühle mitten in der Dresdner Heide begleitet. Doch bis dahin sind noch einige Kilometer zu bewältigen. Vorerst fahren wir durch eine steinerne dreibogige Brücke, über die die *Stauffenbergallee* führt. Doch bald hat uns die Natur der Dresdner Heide eingeschlossen.

Die **Dresdner Heide**, ein 5000 ha großes Waldgebiet mit vielfältigem Baumbewuchs auf einem hügeligen, fast bergigen Gelände vor den Toren der Landeshauptstadt, ist für die Elbestädter ein ideales Territorium zum Wandern, Radeln oder einfach Entspannen. Mit dem Aufschwung der Forstwirtschaft im 19. Jahrhundert wurde mit der Verjüngung und Aufforstung des Baumbestandes begonnen. Da man hauptsächlich auf Nadelhölzer zurückgriff, findet man heute vorwiegend Kiefern und Fichten vor. Nur knapp 10% der Bäume sind Laubhölzer, vorwiegend Rotbuchen, Birken, Erlen und Eichen. Höchste Erhebung ist der 281 m hohe Dachsenberg. Ursprünglich bildeten die heutige Junge Heide und die Dresdner Heide ein geschlossenes Waldgebiet. Die Ausdehnung des heutigen Stadtteils Klotzsche seit der Jahrhundertwende, die Entwicklung der Gartenstadt Hellerau, die militärische Nutzung des Hellers und die damit verbundene Abholzung und der Bau von Flughafen, Autobahn und Bahnlinie trennten die Junge Heide ab.

In früheren Zeiten war die Dresdner Heide sehr wildreich, was die sächsischen Fürsten zu schätzen wußten. Es wurden zahlreiche Jagden veranstaltet. Beliebt waren die Sauhatzen, für die eigens vier Saugärten angelegt wurden. Hier wurde das Schwarzwild für die höfischen Jagden bereitgehalten. Heute

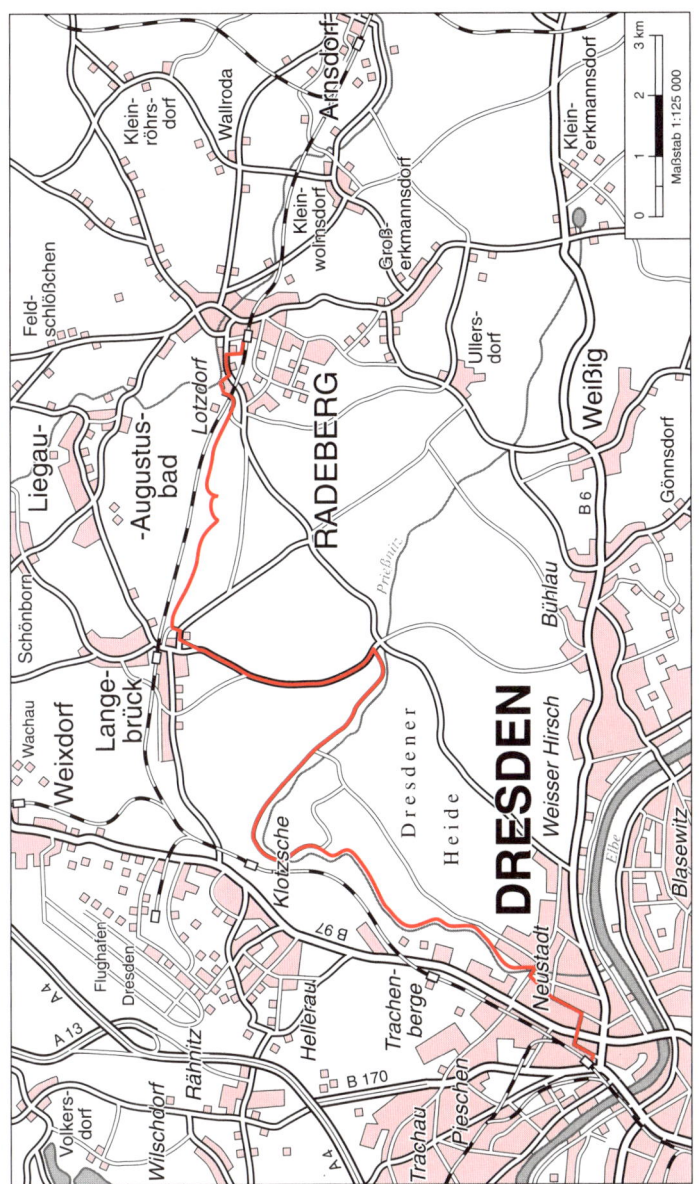

Amsdorf

Klein-
röhrs-
dorf

Wallroda

Klein-
wolmsdorf

Groß-
erkmannsdorf

Klein-
erkmannsdorf

Feld-
schlößchen

Lotzdorf

Ullers-
dorf

Weißig

RADEBERG

Gönnsdorf

Liegau-

-Augustus-
bad

Schönborn

Prießnitz

B 6

Bühlau

Wachau

Lange-
brück

Dresdener

Weixdorf

Heide

Weisser Hirsch

DRESDEN

Klotzsche

Blasewitz

Elbe

Flughafen
Dresden

A 4

A 13

Rähnitz

Hellerau

Trachen-
berge

Neustadt

Volkers-
dorf

Wilschdorf

B 170

Trachau

Pieschen

A 4

hält sich der Tierbestand in Grenzen. Bis 1945 mußte die gesamte Dresdner Heide von einem Wildzaun umgeben werden, um Wildschäden auf den angrenzenden Feldern zu vermeiden. Heute kann dies durch geregelte Abschüsse in Grenzen gehalten werden. Auch mit der Erzgewinnung hatte man sich im 16. und 17. Jahrhundert versucht, vor allem im Prießnitztal, wie verschiedene Bezeichnungen wie Erzberg oder Silberwasser beweisen. Die großen Silberfunde, wie sie im Erzgebirge vorkamen, blieben jedoch aus.

Entlang der Prießnitz gelangen wir zum Waldbad Klotzsche, das unterhalb des Dresdner Ortsteils **Klotzsche** (S-Bahn) liegt. Nach einem knappen Kilometer hinter dem Bad zweigt rechter Hand ein Waldweg ab, der zum Prießnitz-Wasserfall führt, Anlaß fürs zweite Frühstück aus dem Rucksack.

Die **Prießnitz** ist das bedeutendste Gewässer der Dresdner Heide. Sie entspringt im Rossendorfer Teich am Rand des Carswaldes und mündet nach bescheidenen 24 km in der Elbe. Bis zur Heidemühle schlängelt sie sich durch ein breites muldenförmiges Tal. Unterhalb der Heidemühle, es ist der Abschnitt, in dem wir ihrem Lauf entgegenfahren, ist das Tal steiler und enger. Dort, wo das Bachbett einen Riegel aus Granodiorit, ein härteres Gesteinsmaterial, quert, hat sich der Prießnitz-Wasserfall gebildet. Die Puschquelle in unmittelbarer Nähe bietet Gelegenheit zur Erfrischung.

Wir gewinnen auf der *Prießnitztalstraße* weiter gemächlich an Höhe, ehe wir kurz vor der Heidemühle in die zur Hofewiese führende asphaltierte Straße scharf links einbiegen.

Die Geschichte der **Heidemühle** reicht bis ins 16. Jahrhundert zurück. 1843 wurde erstmals eine Schankstube eröffnet. Die heutige Heidemühle wurde 1881 im Schweizerhausstil erbaut. Neben der Heidemühle kreuzt die Landstraße nach Radeberg die Prießnitz auf der 1558 gebauten Großen Hengstbrücke.

Wir überqueren die Hofewiese (Landgasthof) und erreichen später Langebrück. Mit der Straße biegen wir zunächst rechts ab, bleiben dann aber am Ortsrand.

Langebrücke, 1288 erstmals urkundlich erwähnt, wurde als Waldhufendorf angelegt. Doch nach zahlreichen Bränden und der späteren Entwicklung als Luftkurort ging diese Struktur verloren. Heute weist der Ort eher villenähnlichen Charakter auf. Seine Lage unmittelbar am Wald und die gute Verbindung zur Landeshauptstadt (S-Bahn) machen die Gemeinde zu einer beliebten Wohnsiedlung.

Kurz nach dem Kriegerdenkmal kreuzen wir die *Straße nach Radeberg* und verlassen in einem Rechtsbogen ca. 200 m später die Hauptspur des Weges, um gleich darauf wieder auf einen breiteren Waldweg zu stoßen. Er führt mehr oder weniger parallel zur Bahnlinie in Richtung Radeberg. Später steigt dieser Weg leicht an, führt dann gerade dahin und wir treffen auf eine Waldwegekreuzung. Ein Wegweiser an einem Baum, der mit einem roten „E" gekennzeichnet ist, klärt uns über die weitere Route auf: „Radeberg 2 km", also links abbiegen. Wenige Meter später halten wir uns halbrechts. An der nächsten Kreuzung biegen wir nochmals links ab und rollen auf eine Gartensiedlung zu. Parallel zur Bahn radeln wir weiter in Richtung Radeberg, rollen talwärts und unterqueren die Bahn.

Radeberg liegt am Zusammenfluß von Großer und Schwarzer Röder. Die Lage der Stadt am Kreuzungspunkt alter Handelsstraßen und Übergang über die Röder gab Radeberg Auftrieb für seine Entwicklung, obwohl auch schwere Rückschläge infolge Hussitenkriegen, dem Dreißigjährigen Krieg, Pestepedemien und Stadtbränden zu verzeichnen waren. Der frühe Bau der Eisenbahnlinie von Dresden nach Görlitz im Jahre 1845 gab neue Impulse. Bekannt wurde Radeberg wohl vor allem durch seine 1885 gegründete Exportbierbrauerei. Die Braukunst der Radeberger reicht jedoch viel weiter zurück. Bereits 1442 hatte Markgraf Friedrich der Streitbare den Radebergern das Recht verliehen, zu backen und zu brauen, Bier und Wein auszuschenken. Man hatte also reichlich Zeit, die Braukunst zu perfektionieren. Zum Glück wird das Bier nicht mit dem trüben Röderwasser, sondern mit frischem Quellwasser aus dem Carswald zwischen Rossendorf und Arnsdorf gebraut, das über eine acht Kilometer lange Leitung herangeholt wird.

Wer Tour 14 Radeberg-Moritzburg-Radebeul anschließen will, fährt nun weiter an der Großen Röder entlang.

Nach einer kurzen Abfahrt biegen wir bei der ersten Möglichkeit rechts und gleich darauf links ab. Der Bogen der Talstraße nähert sich kurz der Großen Röder. Wir treffen schließlich auf die *Dresdner Straße*. In diese meist stark befahrene Hauptstraße biegen wir links ein und fahren den sanften Anstieg bis zur *Straße des Friedens*. In diese rechts bis zur *Bahnhofstraße* und schließlich in diese links und bis zum Radeberger Bahnhof.

Tour 14

Durchs Rödertal und über Moritzburg nach Radebeul im Elbtal

Radeberg (S) – Rödertal – Grünberg – Hermsdorf (S) –
Medingen – Großdittmannsdorf – Berbisdorf – Bärwalde –
Moritzburg – Radebeul (S)

Eine Radpartie abseits der Straßen durch landschaftliche Highlights der näheren Dresdner Umgebung. Landschaftsschutzge-
biete bereichern den Kurs, fordern aber entsprechende Rücksicht auf die Natur. Im Seifersdorfer Tal ist der Weg auf wenigen
Metern mehr als eine Mountainbike-Herausforderung: hier heißt
es schieben – der Gesundheit zuliebe.

Start: Bahnhof Radeberg (S-Bahn)

Ziel: Bahnhof Radebeul-Ost (S-Bahn)

Streckenlänge: 48 km

Steigungen: keine nennenswerten Anstiege

Wegebeschaffenheit: unbefestigte Waldwege (Rödertal, Friedewald), gut ausgebaute Nebenstraßen mit wenig Verkehr

Sehenswertes: Rödertal, Landschaftsschutzgebiet Seifersdorfer Tal, Landschaftspark Seifersdorf, Schloß und Park Hermsdorf, Moritzburger Teiche, Schloß Moritzburg, Seerosenteich,
Kleinbahn Radebeul-Radeberg, Spitzhaus, Spitzhaustreppe,
Schloß Hoflößnitz, Karl-May-Museum in Radebeul

Karten: Topographische Karten des Landesvermessungsamtes
Sachsen: Dresden und Umgebung mit Rad- und Wanderwegen
1 : 50 000; ADFC-Radtourenkarte Lausitz/Östliches Erzgebirge,
Blatt 14, 1 : 150 000, Bielefelder Verlagsanstalt

Informationen:
* Moritzburg-Information
* Fremdenverkehrsamt Radebeul

Wir wenden uns vor dem Bahnhofsgebäude nach links und fahren den Radweg auf der *Bahnhofstraße* bis zur nächsten Kreuzung. Hier rechts ab in die *Friedensstraße* und abwärts zur *Dresdner Straße*, in die wir nach links hineinfahren. Nachdem wir die Senke durchquert haben, rechts hinein in die *Talstraße*. Sie führt uns zur Großen Röder, die wir bald kreuzen und fahren an ihrem rechten Ufer talabwärts. Wir kommen an der Tobiasmühle vorbei, heute ein Alterskrankenheim. Auf der asphaltierten Straße entfernen wir uns von der Röder und rollen durch **Lotzdorf**-Radeberg wieder hinunter zum Flüßchen, überqueren es, biegen rechts ab und radeln nun durch Liegau-Augustusbad.

Augustusbad hat sich 1922 mit **Liegau** zu einer Gemeinde vereint. Als 1717 der Bürgermeister von Radeberg im Tannengrund nach Kalkstein für die im Vorjahr abgebrannte Stadt suchte, entdeckte er eine schwach kohlensäure- und radiumhaltige Quelle. Sie wurde später nach dem sächsischen Kurfürsten und polnischen König Augustusbrunnen genannt. Diese und weitere Quellen waren Grundlage für die Aufnahme eines regen Bade- und Kurbetriebes, der sich fortan entwickelte.

Unmittelbar vor dem Ortsausgang biegen wir links ab in den ausgeschilderten Wanderweg. Zwischen Grund- und Marienmühle und weiter bis Grünberg folgen wir der *Wanderwegmarkierung*. Achtung! Dieser Abschnitt ist wohl vor allem für Mountainbikes geeignet, doch schiebenderweise läßt sich manches Teilstück auch mit einem weniger robusten Fahrrad absolvieren. Bitte Rücksicht auf Wanderer nehmen!

In den welligen Rücken der Lausitzer Granitplatte hat sich die Röder tief hineingeschnitten und das **Seifersdorfer Tal** geschaffen. Christiane von Brühl, Schwiegertochter des bekannten

---

* Adressen und Telefonnummern im Anhang

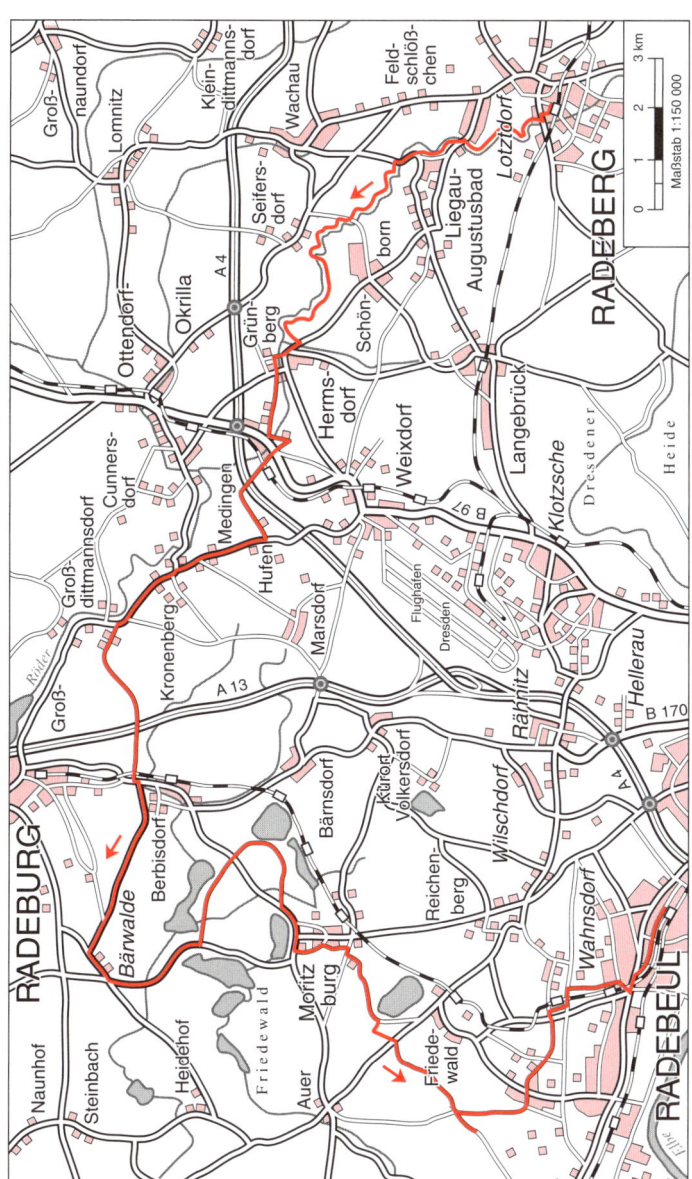

sächsischen Premierministers Graf Heinrich von Brühl hatte eine künstlerische Ader und verwandelte den Talgrund in einen englischen Landschaftsgarten. Säulen, Statuen, Denkmale und steinerne Ruhebänke sind Zeugen einer Stilepoche, die am Ende des 18. Jahrhunderts die Sentimentalität der begüterten Klasse zum Ausdruck brachte. Heute würde man es als Kitsch abtun. Doch diese Epoche ist auch als Flucht aus der starren Geometrie oder gar Symmetrie der dazu im Gegensatz stehenden Barock- oder Rokoko-Gärten zu sehen. Mit der Gartenbauarchitektur der englischen Gärten versuchte man den Anschein unberührter Natur zu erwecken. Seen, Wasserläufe, Hügel, Wiesen oder Baumgruppen wurden entsprechend großzügig einbezogen. Heute sind nur noch Reste der brühlschen Anlage vorzufinden, die einst von bekannten Männern wie Goethe, Herder oder Weiland beehrt wurde.

Wir rollen nach **Grünberg** hinein. Am Vorfahrtsschild rechts ab und bis zur Brücke vorfahren. Am rechten Ufer des Flüßchens talabwärts. Geht es geradeaus nicht weiter, halten wir uns links, fahren bis zur Brücke. Rechts ab in die *Ottendorfer Straße*. Nach ca. 300 m links ab in den asphaltierten Landwirtschaftsweg. Er mündet später in die *Weinbergstraße*. Damit ist die Gemeinde Hermsdorf erreicht. Auf dieser Straße abwärts und kurz vor der *Hauptstraße* links hinein in den Hermsdorfer Schloßpark.

Das **Schloß Hermsdorf** erfuhr seine Erneuerung durch den bekannten Baumeister Georg Bähr, nachdem der Vorgängerbau aus dem 16. Jahrhundert 1729 durch einen Brand schwer beschädigt wurde. Der zweigeschossige Bau wird in der Mitte und an den Seiten durch achteckige Türmchen geschmückt und von einer Mauer mit Ecktürmchen umgeben. Im Jahre 1764 wurde hier der erste sächsische Park unter Einbeziehung der Röder angelegt, zunächst als barocke Anlage mit strengen geometrischen Formen, später im englischen Stil. Bewundernswert der seltene Baumbestand. Eine Sandsteinstatue stellt Apollo in der Art der bekannten Zwingerplastik dar. Am Ende des Kanals steht eine Puttengruppe.

Am S-Bahn-Haltepunkt in Hermsdorf überqueren wir Bundesstraße und Bahnschienen und fahren die ansteigende Straße hinauf. Nachdem wir Hermsdorf verlassen und die Autobahn Dresden–Bautzen unterquert haben, erreichen wir eine Wohnsiedlung von Medingen und biegen an der *Hauptstraße* nach rechts ein. An der Kreuzung links ab und weiter bis Großdittmannsdorf. Kurz nach dem Ortseingang von **Großdittmannsdorf** verlassen wir in der Rechtskurve der Hauptstraße diese nach links und lassen die Gemeinde gleich wieder hinter uns. Über die Felder rollen wir auf die Autobahn Dresden–Berlin zu, unterqueren sie und gelangen nach **Berbisdorf**.

Nach nur 14 Monaten Bauzeit wurde die 17 km lange 750-mm-**Schmalspurbahn** zwischen Radebeul-Ost und Radeburg durch das Lößnitztal im Jahre 1884 in Betrieb genommen. Sie diente anfangs vor allem dem Gütertransport. Heute wird ein regelmäßiger Personenverkehr nach Fahrplan betrieben, Fahrradtransport ist möglich. An manchen Wochenenden werden Traditionsfahrten veranstaltet, bei denen die ältesten noch betriebsfähigen, teilweise offenen Wagen der „Königlich-Sächsischen Staatseisenbahn" zum Einsatz kommen. Die älteste noch verkehrende Dampflokomotive wurde 1899 gebaut. Das Bahnpersonal ist zeitgemäß mit den bunten Originaluniformen bekleidet. Einige der Bahnhofgebäude unterwegs, z. B. das Moritzburger, stammen noch aus der Entstehungszeit der Strecke. Die Fahrt mit dem „Lößnitzdackel" oder „Grundwurm", wie die Bahn im Volksmund genannt wird, lockt Scharen von Ausflüglern und natürlich Hobbyeisenbahner von nah und fern an. Doch es ist nicht nur die alte Technik, die begeistert. Die Fahrt durch den Lößnitzgrund, vorbei an ebenso traditionsbehafteten Stätten wie der Gasthof „Weißes Roß", das Bilzbad, das Renaissanceschloß Hoflößnitz oder Aussichten auf Spitzhaus, Friedensburg und Bismarckturm sowie auf die Radebeuler Weinberge machen das Erlebnis unvergeßlich.

Haben wir die Gleise der Kleinbahn gekreuzt, halten wir uns auf der *Dorfstraße* kurz links und biegen nach wenigen Metern rechts ab in Richtung **Bärwalde**. Wir durchqueren diesen Ort in Richtung Moritzburg, passieren den kleineren Bauerteich und später den Mittelteich. Unmittelbar vor dem Ortseingangsschild von Moritzburg verlassen wir die Straße nach links in Richtung Großteich und Frauenteich. Letzterer gerät kurz darauf ins Blickfeld.

Zwischen dem 15. und 17. Jahrhundert wurden im Gebiet des Friedewaldes, eine hügelige Wald-, Teich- Moor- und Wiesenlandschaft, viele der 35 Teiche für die Fischzucht künstlich angelegt. Auf Grund der günstigen klimatischen und geographischen Lage hat sich hier eine besondere Fauna und Flora entwickelt. Um diese zu erhalten, wurde das **Naturschutzgebiet Frauenteich** angelegt, an dem wir unmittelbar vorbeifahren. Der Teich wird von über 200 verschiedenen, teilweise selten gewordenen Vogelarten bevölkert, wovon allerdings nur 133 hier auch brüten. Mitunter sind Schwarzstorch, Wanderfalke oder Seeadler zu Gast. Auch die Vegetation ist außergewöhnlich: Das Vorkommen der Gemeinen Glockenheide, des Rundblättrigen Sonnentaus, des Seestrandlings, der Quirligen Knorpelblume oder des Steifblättrigen Knabenkrautes wird von den Botanikern geschätzt. Letzteres wird als floristische Besonderheit gewertet.

> Die *Landstraße, die Radeburg mit Moritzburg verbindet* überqueren wir schräg nach links und bleiben immer auf der Hauptspur des unbefestigten Weges. So gelangen wir zu Fasanenschlößchen und Leuchtturm am Großteich.

Der Friedewald, einst Bannwald der Mark Meißen, befand sich in königlichem Besitz und war seit dem 16. Jahrhundert beliebtes Jagdrevier der sächsischen Kurfürsten. Vorher nutzten die Bauern den Wald als Quelle für Brenn- und Bauholz, mästeten ihre Schweine mit Bucheckern und Eicheln, gewannen den Honig der Waldbienen. Noch einige Jahrhunderte davor wurde die Gegend von den Sorben besiedelt. Einen Flecken am Ufer der Elbe nannten sie „drezdany", zu deutsch „Ort der Sumpfwaldleute". Daraus entwickelte sich die heutige Landeshauptstadt. Doch zurück zu der Zeit, die Moritzburg und seine Umgebung landschaftlich und kulturhistorisch prägte: Friedrich August II., König von Polen und Kurfürst von Sachsen, auch als August der Starke in die Geschichte eingegangen, ließ hier in Moritzburg Macht, Einfluß und Phantasie spielen. Von der deutschen Fürstenkrankheit des Barockzeitalters, der Maßlosigkeit befallen, ließ er Bauwerke errichten, die die energischsten Proteste eines jeden Rechnungshofes hervorrufen würden. Doch die absolutistischen Herrscher waren es gewohnt, ihre Vorstellungen rücksichtslos in die Tat umzusetzen. Erblickt man **Hafen, Mole** und **Leuchtturm** am Bärnsdorfer Großteich, kommt man ins Grübeln. Was sollen diese für den Seeverkehr typischen Hafenanlagen an diesem Binnensee? Einer der Kurfürsten, Friedrich August III., der Gerechte, verwirklichte hier 1780 eine seiner spielerischen Launen. Einige Jahre später krönte er diese Verrücktheit, indem er einige Hochseefregatten nachbauen ließ. Eine Insel wurde mit einer Miniaturfestung und Kanonen dekoriert. Mit Gedonner und unter dem Leuchtturmfeuer wurden theatralische Seeschlachten inszeniert.

Das barocke **Fasanenschlößchen** oberhalb des Leuchtturmes wurde 1769 bis 1782 erbaut und erhielt ein in chinesischem Stil gehaltenes Dach. Bauherr war ebenfalls August der Gerechte, der sich mit dem Miniaturschloß ein Ausweichquartier geschaffen hatte, in das er sich vom offiziellen Trubel im Hauptbau zurückzog. Sicherlich war es recht gemütlich in den kleinen Räumen, die mit silbernen und goldenen Ornamenten verzierten Stuckdecken, kostbaren Tapeten verschiedenster Art und wertvollen Wandbespannungen versehen waren.

Hinter dem kleinen quadratischen, zweigeschossigen Gebäude schließt sich die 1,6 ha große Fasanerie an, in der Fasane, Perlhühner und Pfaue gehalten wurden.

Am Ufer des Großteiches entlang radeln wir vorerst weiter und gelangen, dem markierten Weg folgend, schließlich zum Schloßteich, auf dessen Insel das bekannte Moritzburger Schloß auszumachen ist.

Berühmt wurde die Gemeinde, die sich bis 1934 Eisenberg nannte, durch das namensgebende **Schloß Moritzburg**. Herzog Moritz ließ sich 1542 bis 1546 auf einer Landzunge des heutigen Schloßteiches ein Jagdschloß errichten. August der Starke, ein leidenschaftlicher Jäger, verweilte oft in dem alten Renaissanceschloß inmitten der Seen und Wälder. Doch nicht nur das Abenteuer der Jagd, auch seine – meist überschätzten – amourösen Abenteuer ließen ihn hier verweilen. Die schöne Schwedin Aurora von Königsmarck soll ihm hier endlich in die Arme

gesunken sein. Auch andere Auserwählte empfingen im Moritzburger Jagdschloß die Gunst des Fürsten (an denen manche
neun Monate zu tragen hatten), und einige verwunderten sich
darüber, daß der Monarch noch immer in Gemäuern des 16.
Jahrhunderts so gern hauste. Davon angestachelt ließ der Sach-
senfürst 1723 den schon lange geplanten Umbau endlich beginnen. August der Starke, der mit bloßen Händen ein Hufeisen
verbog, steckte nicht nur finanzielle, sondern auch geistige
Kraft in das barocke Prachtschloß. Mit seiner Begeisterung für
Kunst und Architektur beeinflußte er mit erstaunlicher fachlicher
Kompetenz den Entwurf. Unter der Bauleitung von Pöppelmann
entstand die barocke Vierflügelanlage mit den vier runden Eck-
türmen. Malerisch spiegelt sich das Bauwerk im Schloßteich
wider, der in seiner heutigen Gestalt 1730 angelegt wurde und
die Terrasse zu einer Halbinsel machte. Das Schloß wird von
acht kleinen Pavillons umgeben, die direkt am Wasser stehen
und so durch den Gegensatz die Wirkung des in den Farben
des sächsischen Barocks Ocker und Weiß gehaltenen Bau-
kunstwerkes hervorheben. Die Balustraden der rundumlaufen-
den Terrasse werden von Prunkvasen, Putten und anderen
Sandsteinfiguren geschmückt. Die Schloßinsel und Teile des
Parks hinter dem Schloßteich sind als französischer Garten
angelegt und gehen in einen mit acht sternförmigen Schneisen
angelegten Waldpark mit dem Hellhaus im Zentrum über. Das
33 ha große Gelände wurde 1693 von einer Mauer umgeben,
so daß hier Hetzjagden abgehalten werden konnten. In dem seit
1947 im Schloß untergebrachten Barockmuseum gibt es aller-
hand Außergewöhnliches aus dem künstlerischen und hand-
werklichen Schaffen vor allem des 17. und 18. Jahrhunderts zu
sehen: Prunkräume mit ostasiatischen und europäischen Lack-
möbeln, Augsburger Silbermöbel, Porzellan chinesischer, japa-
nischer und natürlich Meißner Herkunft, Gemälde, beispielsweise von Lucas Cranach, bemalte und vergoldete Ledertape-
ten, Kutschen und Sänften, Jagdwaffen . . . Außergewöhnlich
ist die Trophäensammlung, die unter anderem einen 24-Ender
zeigt, den einst der stärkste Rothirsch der Welt getragen haben
soll.

Im **Moritzburger Wildgehege**, zwischen Großteich und der
Straße nach Berbisdorf gelegen, leben unter naturnahen Bedingungen 30 verschiedene Tierarten. Neben seiner Funktion, der

Öffentlichkeit die heimische Tierwelt näherzubringen, dient das Gatter auch der Zucht und der Vermehrung der verschiedenen Arten. Überzählige Tiere werden anderen zoologischen Gärten zur Verfügung gestellt oder in der freien Wildbahn zur Bereicherung des Bestandes ausgesetzt.

Wir fahren nur ca. 100 m in Richtung Meißen und biegen links ein in die Straße mit dem Namen *„Markt"*, auf der wir Moritzburg verlassen. Nach einem kurzen Anstieg blicken wir auf den Dippelsdorfer Teich (Pausenmöglichkeit mit Sitzgruppe und Blick auf Teich). Eine kurze Abfahrt. Im Linksbogen der Straße führen zwei Feldwege in Richtung Wald. Wir wählen den zweiten, rollen bis zum Waldrand und halten uns links, bis wir die *Landstraße zwischen Friedewald und Auer* kreuzen. Wir folgen nun dem mit grünen Zeichen markierten Waldweg bis zum Seerosenteich, der sich links des Weges zwischen den Bäumen versteckt (Schild).

Man verläßt den Weg, um dem **Seerosenteich** einen Besuch abzustatten, und unerwartet tut sich dem Besucher eine von Felsen und Hochwald umgebene Senke auf, in der sich ein dunkles, von Seerosen über und über bewuchertes Wasser gesammelt hat. Eine Tafel erläutert die Besonderheit von Fauna und Flora dieses Biotopes.

Vom Teich aus fahren wir wenige hundert Meter zurück und biegen rechts ab (grüne Balkenmarkierung). Wir erreichen Radebeul auf dem *Kreyernweg*. Beschreibt dieser einen Rechtsbogen, fahren wir geradeaus auf der *Jägerhofstraße* weiter, kreuzen die *Moritzburger Straße* und fahren schließlich in den Lößnitzgrund hinunter.

Der Lößnitzbach entspringt in dem 1520 künstlich geschaffenen Dippelsdorfer Teich und entwässert einen Teil der Moritzburger Hochfläche. Nach nur 6,7 km mündet er in die Elbe. Auf seinem kurzen Lauf verliert er immerhin 100 Höhenmeter. Diese potentielle Energie schuf im Laufe der Zeit nicht nur den reizvollen **Lößnitzgrund**, es wurden auch sieben Mühlen angetrieben. Der Pächter des Dippeldorfer Teiches soll manchmal den Abfluß zugesperrt und erst gegen Zahlung eines entsprechenden Ent-

geldes wieder geöffnet haben – eine einträgliche Einkommens-
aufbesserung durch Erpressung. Der Name des Baches wird
unterschiedlich gedeutet: er kann sich aus dem altsorbischen
Lesnica herleiten, zu deutsch Waldbach, oder es ist damit der
hier anliegende fruchtbare Lehmboden, der Löß gemeint.

Bei der Fahrt in den Lößnitzgrund hinunter fällt unser Blick auf
die **Radebeuler Weinberge**. Seit dem 13. Jahrhundert wird in
der Gegend Wein angebaut. Ende des vergangenen Jahrhunderts brach der Weinanbau fast zusammen. Der Echte und der
Falsche Mehltau und vor allem die Reblaus richteten Millionen-
schäden an, es war eine Katastrophe, von der man sich lange
Zeit nicht erholte. Erst nach der Jahrhundertwende konnte die
Seuche vor allem durch Anwendung reblausfester Sorten überwunden und der fast zum Erliegen gekommene Weinbau an der
Elbe wiederbelebt werden.

Erwähnt man den Weinanbau Radebeuls, darf man die **Sektkel-
lerei** nicht vergessen. Sie befindet sich im barocken Weingut
„Wackerbarths Ruhe" unterhalb des Jacobsteines, Wahrzeichen der Lößnitz. Das Schlößchen wurde 1727 bis 1729 von
Knöffel für August Christoph von Wackerbarth, Generalfeldmar-
schall und Generalintendant des sächsischen Bauwesens unter
August dem Starken, als Alterssitz erbaut. Die Winzer der Lößnitz hatten sich einer langen Tradition folgend auf die Sekther-
stellung spezialisiert. Bereits 1717 versuchte man, den sächsischen Landwein mit einer zweiten Gärung zu veredeln. Dabei
entsteht Kohlendioxyd, das aufperlend die geschmacklichen
Eigenschaften des ursprünglichen Weines vervielfacht. Seit
1836 wird in Radebeul Sekt hergestellt, der als „Schloß Wackerbarth" oder „Schloßberg" auf den Markt gebracht wird.

Mündet die *Jägerhofstraße* in die *Dr.-Rudolf-Friedrichs-
Straße*, fahren wir diese kurz abwärts und biegen nach
wenigen Metern links ab in die *Paradiesstraße*, die zunächst ein für Kfz gesperrter Weg ist, später aber in eine
Hauptstraße übergeht. Nach 200 m auf der Hauptstraße
biegen wir links ab in die Straße *„An der Jägermühle"*.
Vor uns liegen die Radebeuler Weinberge mit Spitzhaus, Bismarckturm und Spitzhaustreppe. Die Straße
beschreibt kurz darauf eine Rechtskurve, nach weiteren

150 m überqueren wir links abbiegend Lößnitz und Schmalspurgleise. Für einen Abstecher zum Schloß Hoflößnitz und Spitzhaus fahren wir auf der *Weinbergstraße* bis zur übernächsten Kreuzung und biegen links in die *Hoflößnitzstraße* ab.

Hoch oben in den Weinbergen steht das türmchengeschmückte **Spitzhaus**, von dem man eine überwältigende Aussicht in die Elbtalweitung und die darin sich ausbreitende Landeshauptstadt hat. Vom Lößnitzgrund aus kann man über die 514 Stufen zählende Spitzhaustreppe auf diese luftige Höhe gelangen.

Das **Schloß Hoflößnitz** in Radebeul wurde für Kurfürst Johann Georg I. als fürstliches Wohnhaus für die Zeit der Weinlese erbaut. Der zweigeschossige späte Renaissancebau, im Obergeschoß ein Fachwerkbau, wirkt äußerlich eher sehr schlicht. Um so repräsentativer wurde das Innere gestaltet. Die wertvollen Decken- und Wandmalereien verraten den Übergang zum Frühbarock. Die vom Holländer Eyckhout gemalten 80 Leinwandbilder an der Decke des Festsaales stellen die exotische Vogelwelt Brasiliens dar, die der Maler auf einer Südamerikaexpedition bewundern konnte. Schloß Hoflößnitz beherbergt heute ein Museum. Neben kunsthistorischen Exponaten wird die Geschichte des Weinanbaus im Lößnitzgebiet gezeigt.

Immer parallel zu den Gleisen der Schmalspurbahn bleibend, fahren wir über *Mühlweg* und *Pestalozzistraße* zum Radebeuler Ostbahnhof. Wer noch Lust auf Muße für einen Abstecher in den „Wilden Westen" hat, biegt zwei Querstraßen vorm Bahnhof in die *Schumannstraße* ein und an der nächsten Kreuzung rechts ab.

Radebeul, Karl-May-Str. 5: Schauplätze von Abenteuerromanen aus der Jugendzeit kommen dem Besucher der „Villa Shatterhand" in den Sinn. In mehr als 70 trivialen, aber spannenden, im Grunde sich meist ähnelnden, aber trotzdem lesenswerten Romanen beschrieb der legendäre **Karl May** Reiseabenteuer, die er als Kara Ben Nemsi oder Old Shatterhand selbst erlebt haben wollte, wie er uns vorgaukelte. Einblick in das Leben des ungewöhnlichen Reise- und Abenteuerschriftstellers erhält man in dem Museum auf der nach ihm benannten Straße.

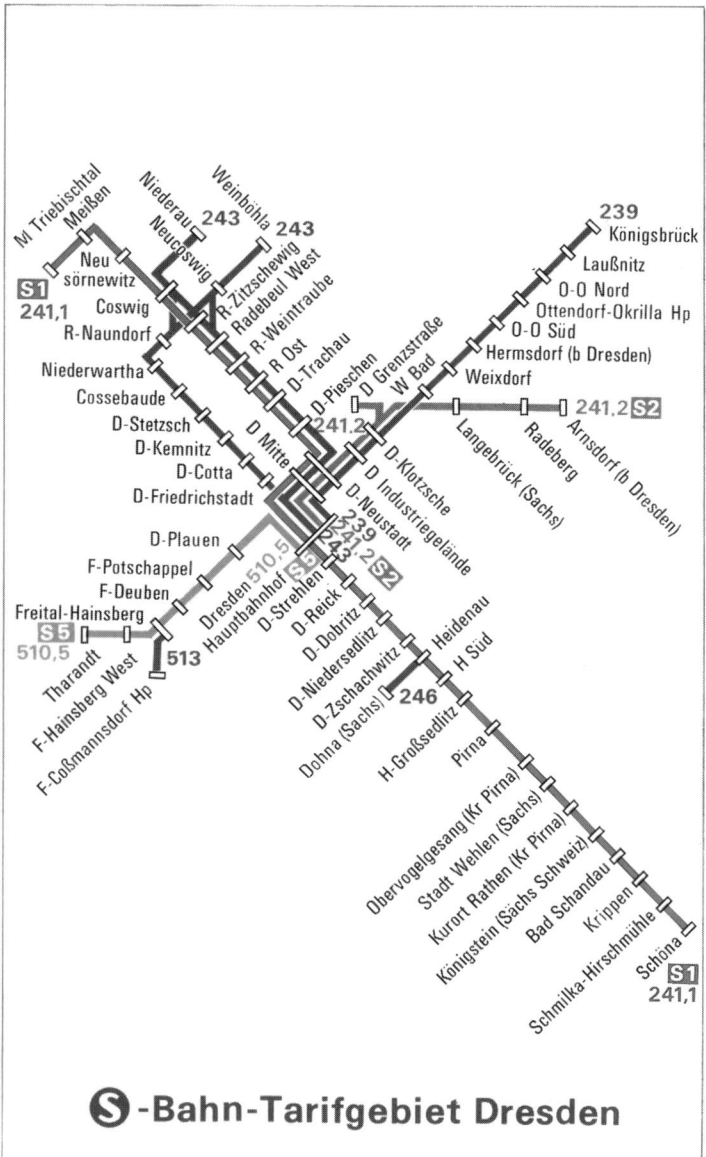

S-Bahn-Tarifgebiet Dresden

Anhang

Adressen der Touristinformationen, Fremdenverkehrsämter, Kurverwaltungen

Wer aktuelle Informationen für Übernachtungsmöglichkeiten, Öffnungszeiten und ähnliches benötigt, kann sich an eine der folgenden Fremdenverkehrsorganisationen wenden:

Dresden-Werbung und Tourismus GmbH (Stadtinformation), Prager Straße 10/11, 01069 Dresden, Tel. 03 51 / 4 95 50 25, Fax 4 95 12 76 oder Neustädter Markt, 01097 Dresden, Tel. 03 51 / 5 35 39

Fremdenverkehrsamt Diesbar-Seußlitz, Elbstraße 15, 01612 Seußlitz, Tel. 03 52 67 / 225

Fremdenverkehrsgemeinschaft Östliches Erzgebirge, Hospitalstraße 11, 01744 Dippoldiswalde, Tel./Fax 0 35 04 / 61 48 77

Fremdenverkehrsamt Geising, Hauptstr. 25, 01778 Geising, Tel. 03 50 56 / 42 91, Fax 42 92

Fremdenverkehrsamt Kurort Hartha, Am Hartenberg 6, 01737 Kurort Hartha, Tel. 03 52 03 / 23 93, Fax 23 94

Fremdenverkehrsamt Hohnstein, Rathausstraße 10, 01848 Hohnstein, Tel. 03 59 75 / 2 50, Fax 2 51

Stadtverwaltung Königsbrück, Markt 20, 01936 Königsbrück, Tel. 03 57 95 / 25 42, Fax 57 81

Touristinformation Königstein, Dresdner Straße 1, 01824 Königstein, Tel. 03 50 21 / 6 82 61

Tourist-Information Meißen, An der Frauenkirche 3, 01662 Meißen, Tel. 0 35 21 / 45 44 70, Fax 45 34 13

Moritzburg-Information, Am Schloß, 01468 Moritzburg, Tel. 03 52 07 / 3 56, Fax 6 91

Fremdenverkehrsbüro der Stadt Pirna, Dohnaische Straße 31, 08124 Pirna, Tel. 0 35 01 / 28 97, Fax 8 42 66

Fremdenverkehrsamt Radebeul, Pestalozzistraße 6, 01445 Radebeul, Tel. 03 51 / 76 27 73, Fax 76 29 02

Kurverwaltung Kurort Rathen, Niederrathen 17 b, 01824 Kurort Rathen, Tel./Fax 03 50 24 / 2 55

Bad Schandau Information, Marktplatz 8, 01814 Bad Schandau, Tel. 03 50 22 / 24 12

Stadtverwaltung Stolpen, Markt 1, 01833 Stolpen, Tel. 03 59 73 / 3 13

Fremdenverkehrsverband „Sächsischer Forst – Tharandter Wald", Schillerstraße 3, 01737 Tharandt, Tel./Fax 03 52 03 / 27 33

Elbfähren in Dresden und Umgebung

Schmilka: 5.00-22.00 Uhr
Bad Schandau, Ortsteil Postelwitz: 5.00-22.15 Uhr
Bad Schandau: 4.10-21.30 Uhr
Königstein: 4.30-23.00 Uhr
Kurort Rathen: 4.00-23.00 Uhr
Stadt Wehlen: 4.00-0.20 Uhr
Birkwitz-Pratzschwitz: 4.30-18.00 Uhr
Zschieren-Söbrigen: Mo.-Fr. 5.00-8.00 u. 14.00-18.00 Uhr
Kleinzschachwitz-Pillnitz: 24 Std. Autofähre April-Okt.
Laubegast-Hosterwitz: Mo.-Fr. 5.00-9.00 und 14.00-18.00 Uhr
Tolkewitz-Niederpoyritz: Mo.-Fr. 4.30-20.00; Sa. So. Fei. 10.00-18.00 Uhr
Johannstadt-Neustadt: April-Okt. tgl. 10.00-18.00 Uhr
Schlachthof-Pieschener Winkel: Mo.-Fr. 4.30-8.30 und 14.00-18.00 Uhr
Diesbar-Seußlitz: 5.40-19.50 Uhr
Promitz (bei Riesa): 6.45-10.45 und 13.00-17.00 Uhr